Dieter Gruber

Eine Kindheit in Mäder

Erinnerungen an ein Paradies

Bibliografische Information der Deutschen Nationalbibliothek:
Die Deutsche Nationalbibliothek verzeichnet diese Publikation in der Deutschen Nationalbibliografie; detaillierte bibliografische Daten sind im Internet über http://dnb.dnb.de abrufbar.

©2023 Dieter Gruber
Herausgeber: Jerome Planas
Herstellung und Verlag:
BoD - Books on Demand, Norderstedt
ISBN: 9783750435780

Für meinen Onkel Arnold

Inhalt

Vorwort

Gerade einmal siebzig Jahre alt geworden und im achten Lebensjahrzehnt angekommen, befinde ich mich bereits seit längerem im Herbst meines Lebens. Alles, was ich brauche, habe ich. Was ich nicht habe, brauche ich auch nicht. Der Lebensabschnitt, in dem ich mich nun schon seit einiger Zeit befinde, fühlt sich für mich nicht wie der Herbst des Lebens an, ganz im Gegenteil, ich empfinde ihn eher als einen warmen, wunderbaren Indianersommer mit all der ihm eigenen Farbenpracht und Sinnlichkeit. Für mich ist es eine Zeit der Ernte. Es ist meine ganz persönliche Zeit, in der ich gelernt habe, in mich hinein zu hören. Eine Zeit ohne Hektik und frei von Verpflichtungen, eine Zeit, in der ich mir Zeit für Muße nehmen kann. Eine Zeit, in der ich nichts mehr erleben muss, weil ich in meinem bisherigen Leben schon alles, was mir wichtig erschienen ist, gemacht habe. Es ist eine Zeit, in der ich das Gefühl habe, in meiner Mitte oder am Ziel angekommen zu sein, und es ist vor allem eine Zeit, in der ich die tiefe Befriedigung verspüre, mein ganzes Leben lang nie weggeschaut oder etwas akzeptiert oder gemacht zu haben, das nicht zu mir gepasst hätte und gegen meine Überzeugung war. Es ist ganz allein meine Zeit.

Kürzlich war ein alter Schulfreund mit seiner Frau bei uns zu Besuch. Wir hatten gemeinsam mit ihnen und zwei Freunden von uns einen sehr schönen, unterhaltsamen und recht gemütlichen Abend. Ich koche gelegentlich sehr gerne, es hat auch diesmal allen geschmeckt und sie haben sich wohl gefühlt. Alle haben mit Begeisterung mein Fischgericht genossen, das ich aus selbst gefangenem Meeresfisch zubereitet habe.

Ich bin mir fast sicher, dass es an den anschließenden Gesprächen gelegen hat und dass letztendlich sie die Ursache dafür waren, dass in mir immer wieder Erinnerungen an meine Kindheit hochgekommen sind. Mein Schulfreund war es schließlich, denke ich, der den Anstoß dazu gegeben hat, dass mich die Erinnerungen an diese längst vergangene Zeit nicht mehr losgelassen haben und ich an einem der darauffolgenden Tage plötzlich Lust in mir verspürt habe, meine Kindheitserinnerungen in einem Büchlein niederzuschreiben. Und genau damit will ich jetzt beginnen.

Bregenz, im Jänner 2018

Der Weg ins gelobte Land

Die Beziehung meiner Mutter zu meinen Großeltern war zwar sehr eng, aber nicht innig. Wahrscheinlich haben wir zu Hause eine andere Form von Beziehung auch nie kennen gelernt. Als Kind habe ich körperliche Nähe und Herumgeschmuse überhaupt nicht vermisst. Vielleicht bilde ich mir das auch nur ein. Meine Mutter schien es schon für einen Ausdruck von Zärtlichkeit zu halten, wenn sie ihr baumwollenes Taschentuch hervorgeholt hat und dieses, durchaus auch in Gegenwart anderer Leute, ausgiebig bespuckte, um dann uns Kindern mit dem solcherart befeuchteten Tuch irgendeine mit imaginärem Schmutz verunreinigte Stelle im Gesicht zu reinigen.

Natürlich hasste ich derartige Zärtlichkeiten und ich habe heute noch den Geruch ihrer auf meiner Wange verriebenen Spucke in der Nase, wenn ich daran denke. Wie gesagt, der Umgang meiner Eltern mit mir war für mich durchaus in Ordnung und ich hätte daran nie auch nur das Geringste auszusetzen gehabt. Von spontanen Umarmungen und zärtlichen Küsschen wäre ich vermutlich ohnehin nur irritiert gewesen und ich hätte mich an solche Liebkosungen wahrscheinlich erst gewöhnen müssen. Ich war zufrieden damit, dass es zu Hause zwischen den Eltern so gut wie nie Streit oder gar handfeste Auseinandersetzungen gegeben hat.

Ausschlaggebend für meine weitere Entwicklung war – und da bin ich mir auch heute noch absolut sicher –, dass es mir gelungen ist, mich unter ausgiebigem Protestgeheul so nachhaltig gegen den Besuch des Kindergartens zu wehren, dass ich davon befreit worden bin. Gleich nach dem erstmaligen Betreten der ungewohnten Räumlichkeiten an der Hand meiner Mutter war nämlich mein erster Eindruck, dass ich fortan mein bisher selbstbestimmtes und noch so junges Leben in grenzenloser Freiheit gegen das Dasein in einem engen Gefängnis voller vorgefertigter Spielsachen tauschen sollte. Ich wäre mir vorgekommen wie ein Affe im Zoo und das wollte ich auf keinen Fall sein!

Dieser erfolgreiche Kampf für das Leben in Freiheit hatte zwangsläufig zur Folge, dass ich fortan immer zu Hause bleiben konnte, wenn die gleichaltrigen Kinder zur Freude ihrer Mütter den Vormittag im Kindergarten verbringen mussten. Vermutlich war das auch mit ein Grund dafür, warum Mutter mich und meinen kleinen Bruder Rinaldo, wann immer es ging, auf ihr Fahrrad gepackt hat und mit mir auf dem Gepäckträger und meinem jüngeren Bruder in einem Kindersitz hinterm Lenker in das etwa zwanzig Kilometer entfernte Mäder gefahren ist aus, dem sie stammte. So war sie uns doch immer wieder ein paar Tage oder gar Wochen los, wusste uns in besten Händen und konnte den noch jungen Ehestand mit Vater genießen.

Meine Kinderjahre bei den Großeltern

Mäder war in den Fünfzigerjahren des vergangenen Jahrhunderts ein Sechshundert-Seelen-Dorf, in dem meine Großeltern einen kleinen Bauernhof und eine Kornmühle betrieben haben. Die Fahrt mit dem Fahrrad von Hard nach Mäder war eine recht ansprechende und gewissermaßen auch sportliche Leistung, wenn man bedenkt, dass die damaligen Straßen doch sehr zu wünschen übrig ließen. Sie waren häufig nur geschottert und holprig. Nicht etwa „geteert", wie wir dazu gesagt haben, sobald sie asphaltiert waren. Die wenigsten Straßen waren damals geteert und die Fahrräder jener Zeit waren als andere als High-tech-Geräte.

Zu allem Überdruss hat am Vormittag der Wind im Rheintal – als Landwind vom Oberland kommend – Richtung Süden zum See hinuntergeblasen. Weil Mutter meistens am Vormittag nach Mäder aufbrach, hatte sie auf dem Fahrrad deshalb immer Gegenwind. Sie hätte ja auch am Nachmittag mit dem Wind im Rücken losfahren können, aber dann hätte sie bei den Großeltern übernachten müssen und die Chance, nach dem Mittagessen trotz Gegenwind irgendwann wieder zu Hause in Hard zu sein, wäre ungenutzt verstrichen. Weil es die Natur aber schon immer so vorgesehen hatte, hat sich der Wind am Nachmittag wieder in den so genannten Seewind verwandelt und konstant in Richtung Norden geblasen. Ich glaube, dass man sich auch heute noch auf diese Regelmäßigkeit verlassen kann. Für Mutter hatte die Mühsal schließlich auch etwas Gutes und sie gewöhnte sich im Laufe der Zeit an Gegenwind, was ihr in späteren Jahren zugutegekommen ist.

In Mäder angekommen, es war meistens um die Mittagszeit, hat uns Mutter zusammen mit zwei großen Taschen den Großeltern übergeben, damit wir ein paar Wochen Luftveränderung erhalten konnten. Die beiden Taschen waren vollgestopft mit Kleidung und Unterwäsche. Schuhwerk brauchten wir nicht und passende Gummistiefel hatte Mutter in vorsorglicher Weise schon seit unserer frühesten Kindheit vor Ort deponiert. Ich bekam jedes Jahr ein neues Paar und mein Bruder durfte die von mir ausgetretenen und damit bereits deutlich bequemer gewordenen Stiefel so lange weitertragen, bis sie auch ihm zu klein geworden waren. Nachdem sich Mutter beim Mittagessen gestärkt hatte, bestieg sie meistens wieder ihr Fahrrad und machte sich auf den Heimweg. Natürlich mit Seewind im Gesicht, wie immer am Nachmittag. Das schien ihr aber nichts auszumachen. Es ist schon mal vorgekommen, dass sie auch über Nacht blieb und erst am nächsten Morgen wieder abgefahren ist. So hatte sie auf der Heimfahrt den Wind von hinten und musste weniger in die Pedale treten.Ich wundere mich heute noch, dass das immer geklappt hat. Schließlich hatten weder wir zu Hause noch meine Großeltern ein Telefon. Ein Telegramm wäre natürlich möglich gewesen und man hätte sich damit anmelden können. Ich bin mir aber ziemlich sicher, dass Mutter immer unangemeldet gekommen ist. Dieser Angewohnheit ist sie ihr Leben lang treu geblieben.

Mutter ist auch nie der Meinung gewesen, sich für einen Besuch anmelden zu müssen. Sie ist immer davon ausgegangen, dass sich ohnehin jeder freuen würde, auch wenn er sie ungewollt zu sehen bekäme. Woher sie diese Überzeugung genommen hat, ist mir bis heute ein Rätsel. Selbst ich habe Jahrzehnte gebraucht, um sie diesbezüglich zum Nachdenken zu bewegen. Ich sehe sie heute noch vor mir, wie sich völliges Unverständnis in ihrem Gesicht breit gemacht hat, als ich sie viele Jahre später einmal darauf angesprochen und mit meinen diesbezüglichen Vorstellungen und dem mir vorschwebenden Regelwerk konfrontiert habe.

Obwohl ich den Großeltern nie auch nur das Geringste angemerkt habe, empfinde ich es im Rückblick eigentlich als eine Zumutung, dass Mutter den beiden bei all der Arbeit, welche die Landwirtschaft mit sich brachte, noch zwei Enkel, die betreut und versorgt werden mussten, umgehängt hat!

Mutter war, obwohl sparsam, überhaupt nicht knauserig. Im Sommer und im Herbst verkaufte sie ab und zu Gemüse aus unserem Garten an einen Greisler in der Nähe. Es gab Zeiten da wuchs davon mehr, als wir zu essen imstande gewesen sind. Wenn dann ihre Haushaltskasse wieder einmal ein bisschen besser gefüllt war, konnte es vorkommen, dass wir im Winter komfortabler gereist sind. Wir fuhren dann mit dem Bus nach Bregenz und anschließend mit dem Zug nach Götzis.Meine Mutter stammte, wie schon gesagt, aus Mäder und die dortigen Eingeborenen, bei denen ich einen großen Teil meiner Kindheit verbracht habe, nannten diesen Ort „Gätzis".Ich bin weder Sprachwissenschaftler noch Dialektforscher, aber nun, da ich noch am Beginn meiner Schilderungen stehe und vorhabe, den einen oder anderen Dialektausdruck zum Unterstreichen der Authentizität meiner Geschichten zu verwenden, möchte ich nicht versäumen, dem Leser wenigstens ein paar umgangssprachliche Hinweise zu geben. Sie sollen dem besseren Verständnis für den doch ziemlich einzigartigen, von meinen Großeltern, Onkeln, Tanten, Cousins und Cousinen und den sonstigen Anverwandten und Spielkameraden gesprochenen Mäderer Dialekt dienen.Die Besonderheit dieses Dialekts ist mir schon als Kind aufgefallen. So habe ich schnell herausgehört, dass man in Mäder, im Unterschied zu den südlich des Kummenbergs – also zum Beispiel im Raum Feldkirch – gesprochenen Varianten, die Vokale „o" „e" und „i" praktisch nie geschlossen, sondern offen ausgesprochen und breit betont hat. Vor allem wenn ein Wort mit „i" endete, war das sehr gut zu hören. Zum besseren Verständnis habe ich deshalb die generell und im allgemeinen offen auszusprechenden Vokale „o", „e" und „i" in diesem Büchlein in allen Mundartbeispielen durch „ò", „ä" und „ì" ersetzt.

Ich will versuchen, dies an Hand zweier oder dreier Beispiele zu erklären. So sagt man zum Beispiel in Mäder zu einem Huhn „Hänna". Diese Bezeichnung wird auch im Plural verwendet und der Hühnergarten ist deshalb der „Hännagaarta". In Feldkirch dagegen würde man zum Federvieh immer „Henna" sagen. Das gilt in Feldkirch ebenso wie in Mäder für Singular und Plural gleichermaßen. Ein Bewohner Feldkirchs aber spräche das „e" immer streng geschlossen aus. Einer der markantesten und ganz besonders von meiner Mutter am häufigsten gebrauchten Sätze war „Ääs gäär ì nìd!" Dieser Satz ist ein Paradebeispiel dafür, wie ein geschlossenes „ì" ausgesprochen wird. Mutter wollte mit diesem Satz ausdrücken, dass ihr etwas missfalle, sie das gar nicht wolle oder sogar hasse. Das ihr solcherart innewohnende Gefühl hat sie noch zusätzlich mit ihrem unnachahmlichen Gesichtsausdruck unterstrichen. Keine Sorge, ich bin gleich mit meinem Ausflug fertig, aber diese Erfahrung aus meiner Kindheit erscheint mir zu wichtig und so will ich noch ein, zwei Beispiele loswerden.

Auch der von meiner Mutter oft mit erhobenem Zeigefinger ausgesprochene Satz: „Ääs ka ì d'r sääga!" ist ein gutes Beispiel für das geschlossen gesprochene „i" und er klingt mir heute noch in den Ohren. Wir Buben haben ihn als wörtlich ausgesprochene Drohung im Verlauf unserer Kindheit sehr oft zu hören bekommen. Soweit, so gut!

Zurück zu unserer Ankunft am Bahnhof in Götzis. Wie Tättí, mein Großvater erfahren hatte, dass wir ausgerechnet zu einer bestimmten Zeit und gerade mit diesem Zug ankommen würden, ist mir heute noch ein Rätsel. Tatsächlich ist er aber eines Tages im Winter mit dem Pferdeschlitten am „Gätzn'r Baahòf" – gemeint ist der Bahnhof in Götzis – gestanden und hat auf uns gewartet. Das war vielleicht eine Überraschung! Es war klirrend kalt und die Sonne strahlte vom Himmel, als wollte sie uns begrüßen. Wir stiegen auf den Schlitten, wickelten uns in die auf der Bank liegenden Decken und los ging's. Die kleinen Schellen am Kummet bimmelten rhythmisch, sobald sich Susi ins Geschirr legte und zu ziehen begann. Susi war eine Haflingerstute und die Nachfolgerin von Lisa, der Norikerin. Die Landschaft war tief verschneit und man konnte hören, wie der Schnee unter den eisernen Kufen des Schlittens knirschte. Links und rechts von der Straße standen die schneebedeckten Bäume. Obwohl wir keinen Windhauch gespürt haben, wurde der Schnee immer wieder von den Ästen heruntergeweht. Millionen winziger Schneekristalle zerstoben dann im Wind und glitzerten in der Sonne. Dem Pferd schienen weder die Kälte noch der Schnee etwas auszumachen und wenn es schnaubte, konnte man seinen Atem in der kalten Luft sehen.Sobald wir das Bahnhofsgelände verlassen hatten und auf der Straße nach Mäder angekommen waren, warf sich Susi gleich so ins Geschirr, dass sie von Tättì immerfort gezügelt werden musste. Das ging fast die halbe Strecke so, bis auf der rechten Straßenseite das „Gasthaus Rose" in Sicht kam. Beim Gasthaus angekommen, blieb Susi, ohne dass ihr Tättì irgendetwas zugerufen hätte, ganz von alleine stehen. Der Grund dafür ist uns schnell klar geworden. Tättì drückte mir die lederne Zugleine in die Hand und sprang vom Schlitten. Dann öffnete er die Tür zum Gasthaus und rief laut „Rosa!". So hieß die Wirtin. Gleich drauf kam er zurück, stieg auf den Bock des Schlittens und nahm die Zugleine wieder an sich. Kaum hatte er sich niedergesetzt, tauchte auch schon die Wirtin mit einer Scheibe hartem Brot in der Hand auf. Sie ging schnurstracks auf das Pferd zu und steckte ihm das Brot ins Maul. Susi begann sofort zu fressen und war noch gar nicht richtig fertig damit, als sie sich schon wieder kraftvoll ins Geschirr legte. Tättì winkte der

Wirtin noch schnell ein Dankeschön. Dann zog er gleich die Zügel etwas an, weil das Pferd frisch gestärkt schon wieder drauflos traben wollte. Unsretwegen hätte es sich nicht so beeilen müssen, weil wir die schöne Schlittenfahrt genossen haben. Vielleicht wollte es auch nur so rasch wie möglich zurück in den warmen Stall. Diese Schlittenfahrt gehört zu meinen schönsten Erlebnissen.

Ich kann mich auch noch gut daran erinnern, dass uns Tätti einmal an einem warmen, sonnigen Tag im Sommer mit dem Landauer – dem „Rennwaaga" – vom Bahnhof abgeholt hat. Der Landauer war ein leichtes, immerhin schon gefedertes Gefährt mit einem Kutschbock und hölzernen Speichenrädern, auf denen eiserne Reifen aufgezogen waren. Ich durfte neben Tätti auf dem Kutschbock sitzen und Mutter saß mit meinem kleinen Bruder auf der Bank dahinter.Zur damaligen Zeit waren fast alle Straßen noch geschottert und nicht geteert. Man kann sich vorstellen, wie holprig solche Fahrten trotz der Federung gewesen sind. Aber es war viel schöner, als zu Fuß zu gehen.Auch auf dieser Fahrt kamen wir am „Gasthaus Rose" vorbei und ich war schon gespannt darauf, wie sich Susi diesmal verhalten würde. Letztes Mal waren wir ja noch auf einem Pferdeschlitten gesessen. Alles verlief genau gleich wie im Winter. Beim Gasthaus angekommen, blieb das Pferd stehen, schnaubte ein paarmal und wartete auf seinen Leckerbissen! Nachdem Susi von Rosa, der Wirtin, eine Scheibe hartes Brot bekommen hatte, setzte sie, ohne auf irgendein Kommando zu warten, die Fahrt fort und trabte gemütlich mit uns nach Hause.Die Schlittenfahrt und die Fahrt mit dem Landauer, dem „Rennwaga", wie Tätti dieses Gefährt immer genannt hat, sind für mich unvergessliche Erlebnisse geblieben!

Tätti

Tätti, Jahrgang 1896, war für mich zeitlebens ein
Vorbild. Als ich im Dezember 1947 geboren wurde,
befand er sich schon am Beginn seines sechsten Le-
bensjahrzehnts. Ich war sein erster Enkel und gleichzeitig der älteste Neffe meiner beiden Onkel und ihrer Schwestern Irmgard und Lore. Das war wohl auch
ein Grund dafür, dass ich immer schon und ganz
unausgesprochen eine besondere Stellung bei der
Verwandtschaft mütterlicherseits gehabt habe. Übrigens, zu ihrem Vater haben meine Mutter und ihre
Geschwister „Tätti" gesagt. Wir Kinder sind nie aufgefordert worden, zu unserem Großvater „Opa" und
zu unserer Großmutter „Oma" zu sagen. Sie waren
für uns immer „Tätti" und „Großmamma".

Tätti war von mittelgroßer, eher hagerer Ge-
stalt. Er ist im ersten Weltkrieg am rechten Oberarm
schwer verwundet worden und als Kriegsinvalide
wieder nach Hause zurückgekehrt. Während des Ita-
lienfeldzugs war er schon als ganz junger Soldat von
einem Granatsplitter getroffen worden. Der Split-
ter war knapp unter seiner Achsel in den Oberarm
eingedrungen und hat großen Schaden angerichtet.

Seither waren sein rechter Arm und vor allem die rechte Hand kaum mehr zu gebrauchen, weil die Finger unbeweglich und steif gewesen sind. Alle vier Finger und der Daumen hatten sich zum Handteller hin zusammengezogen. Tättìs rechte Hand war somit zwar nicht zu einer Faust geballt, aber er konnte sie nicht mehr öffnen und deshalb auch nichts greifen. Die Hand selbst und auch der größte Teil des rechten Armes waren schlecht durchblutet und nahezu ohne Gefühl. An seinem ganzen rechten Arm war der extreme Muskelschwund deutlich zu erkennen und im Winter hatte Tättì oft sehr unter der Kälte zu leiden.

Die Arbeit in der Landwirtschaft und in seiner Mühle konnte Tättì also nur mit einem Arm und seiner linken Hand bewerkstelligen. Um wenigstens ein bisschen Halt zu haben, hat er am rechten Unterarm immer eine Manschette aus festem Leder getragen. Ein Orthopädieschuhmacher hatte sie ihm gemacht und sie reichte von der Handwurzel bis eine knappe Handbreit unter seinen Ellbogen. Zur Verstärkung hatte er eine Metallschiene eingearbeitet. Die Manschette ließ sich mit einem starken Schnürsenkel zuziehen. Der Orthopädieschuhmacher hatte beidseits der Öffnung, die an die Außenseite von Tättìs Unterarm zu liegen kam, Schnürhaken angebracht. Solche Schnürhaken findet man auch heute noch manchmal bei älteren Schuhmodellen im alpenländischen Raum. Tättì konnte seine Manschette über die ganze

Länge öffnen und nachdem er seinen Unterarm hineingelegt hatte, war es ihm sogar möglich, sie mit seiner linken Hand und ohne fremde Hilfe selbst zuziehen. Den überständigen Teil des Schnürsenkels steckte er, nachdem er ihn fest angezogen, hatte am oberen Ende hinter den ledernen Manschettenrand.

Tättì hatte graublaue Augen und sein sonnengegerbtes Gesicht mit der schmalen Nase, die einen leichten Höcker hatte, war sehr markant geschnitten. Unter seiner Nase trug er einen schmalen grauen Oberlippenbart, der so aussah wie jener, den wir von Charly Chaplin kennen. Ich habe Tättì, seit ich denken kann, nur grauhaarig gesehen. Sein Haar war ziemlich widerborstig. Trotzdem schaffte es Großmamma jeden Morgen, nachdem sie den Kamm ordentlich nass gemacht hatte, ihm auf der linken Seite einen schnurgeraden Scheitel zu verpassen. Dann kämmte sie sein Haar ein wenig nach vorne, um es gleich darauf mit einer schon tausend Mal gemachten und immer gleichen Bewegung nach hinten umzulegen, und zwar so, dass über seinem Haaransatz jedes Mal eine kunstvolle Tolle entstanden ist.

Einmal wöchentlich kam Onkel Arnold ins Haus, um Tättì mit dem Rasiermesser den Bart abzukratzen. Das Procedere hat immer in der großen Stube mit dem Kachelofen – der „Schtùba" – stattgefunden. Ich weiß auch heute noch genau, an welcher Stelle auf dem Wohnzimmerschrank die kleine Schachtel mit dem Rasiermesser gelegen hat.Ich bin wirklich froh, dass es dank meiner Tante Lore gelungen ist, den alten „Schtùbakaschta" aus Fichtenholz zu retten! So ist er schließlich bei mir zu Hause gelandet und ich konnte für ihn einen Platz in unserer Wohnung finden, wo er noch heute steht. Ich bin beileibe kein Nostalgiker, aber wenn ich daran denke, dass Großmamma diesen Kasten als Hochzeitsgeschenk mit in die Ehe gebracht hatte und dass sie dieses schon damals nicht mehr neue Möbel von einer wohlmeinenden Tante bekommen hatte, dann ist das schon etwas ganz Besonderes. Man stelle sich vor, was man alles zu hören bekäme, wenn dieser alte „Schtùbakaschta" plötzlich reden könnte und anfinge, aus dem Nähkästchen zu plaudern!

Tättì hat jahraus jahrein immer bunte Flanellhemden getragen. Natürlich gab es Anlässe, derentwegen er von Großmamma genötigt worden ist, auch einmal ein weißes Hemd zu tragen, aber auch dann musste der Kragen immer weit offenstehen und die Hemdsärmel mussten wie immer hochgekrempelt sein. Am rechten Unterarm rollte er den Ärmel selbst hoch, beim linken musste ihm immer jemand behilflich sein. Dafür war in der Regel Großmamma zuständig und das geschah eigentlich immer schon im Zuge der morgendlichen Haarpflege. Über seinem Hemd trug er meistens ein schwarzes Gilet, das nie zugeknöpft sein durfte, und wenn er aus dem Haus ging, setzte er fast immer seine Schieberkappe auf. An seine Klamotten stellte Tättì überhaupt keine Ansprüche. Die Beinkleider bestanden immer aus einer Blaumannhose, es sei denn, dass er am Sonntag unter die Leute gegangen ist, was natürlich – wenn auch nicht allzu oft – schon einmal vorkommen konnte. Dann hat er auch Hosen aus besserem Tuch getragen. Meistens ging er dann ins nahe gelegene Gasthaus Krone auf ein Bier. Es ist auch vorgekommen, dass er dem Gasthaus Schäfle einen Besuch abgestattet hat. Das „Schòòeflì", wie die Einheimischen dazu gesagt haben, ist von seinem Schwager Hann, mit bürgerlichem Namen Johann Kilga, bewirtschaftet worden. Hann war mit Tättìs Schwägerin, einer Schwester Großmammas – „Bäsì Anna" genannt – verheiratet. In solchen Fällen verlangte Großmamma, dass er seine dunkelgraue Stoffhose anzog. In diesem Punkt war Widerspruch zwecklos.

Tättì hat es meistens vorgezogen, in das näher gelegene Gasthaus Krone – „ì d'Kròna" – zu gehen, und obwohl ich nicht oft im „Schòòeflì" gewesen bin, weiß ich noch sehr gut, wie die Gaststube ausgesehen hat. Vor allem habe ich noch die heimelige Atmosphäre in guter Erinnerung. Dieses Gefühl hat sich bei mir gleich eingestellt, sobald Hann für mich eine Flasche Himbeerlimonade gebracht und für Tättì ein Glas Bier auf den Tisch gestellt hatte. Wenn ich mit Tättì und den Gästen an einem Tisch sitzen durfte und die Rauchschwaden unter der niedrigen Decke und über dem Stimmengewirr gehangen sind, habe ich mich sauwohl gefühlt.

An Sonntagen hat sich Tättì auch schon mal eine „Virginier" gegönnt, eine lange, dünne Zigarre, die so gestunken hat, dass ich mich auch heute noch gut daran erinnern kann. Bevor er sie ansteckte, musste er aus dem Mundstück einen dünnen Halm herausziehen. Wozu der gut gewesen sein soll, ist mir bis heute ein Rätsel. Er drückte ihn jedenfalls immer mir in die Hand, damit ich etwas zum Spielen hatte.

Tättì war Pfeifenraucher. Seine Pfeife hat so ausgesehen wie jene von Lehrer Lämpel, dem armen Lehrer aus „Max und Moritz" von Wilhelm Busch. Das Mundstück hatte die gleiche Farbe wie die schönen Schachfiguren meines Vaters. Die waren aus hellem und dunklen Büffelhorn gemacht.

Wichtig schien es ihm zu sein, dass der Hosenbund seiner Beinkleider prinzipiell und natürlich auch bei seinen Ausgehhosen immer weit über seine Hüften gereicht hat. So musste er den braunen Ledergürtel nicht durch die dafür vorgesehen Schlaufen am Hosenbund ziehen. Er konnte ihn ganz einfach ein Stück unterhalb um den Bauch schnallen. Warum er sich ausgerechnet für diese Technik entschieden hat und was sie für einen Vorteil bot, weiß ich nicht. Vielleicht machte er das auch nur deshalb, weil ihm seine rechte Hand beim Einfädeln des Gürtels in die

Schlaufen wenig geholfen hätte. Er schaffte das jedenfalls alleine und ohne fremde Hilfe. Zum Andrücken des Gürtels war die rechte Hand ja noch zu gebrauchen. Das hat zwar ein bisschen kurios ausgesehen, aber ich habe ihn nie anders gesehen. Seinen baumwollenen Tabaksbeutel, in dem er den Pfeifentabak aufbewahrt hat, konnte er so in jeder beliebigen Position hinter den Lederriemen klemmen, ohne auf die Schlaufen am Bund achten zu müssen. Vielleicht war das der tiefere Grund.

Meine erste Zigarre

Jetzt fällt mir gerade noch eine dazu passende Geschichte ein, die ich an dieser Stelle erzählen möchte. Maiskolben kennt wahrscheinlich jeder und jeder weiß vermutlich, dass diese, solange sie nicht geerntet sind und noch an den Stängeln hängen von den Hüllblättern eingeschlossen sind. Aus diesen Hüllblättern stehen am Kolbenende die bis zu zwanzig Zentimeter langen Griffel der Fruchtknoten hervor. Sie trocknen im Zuge der Reifung und werden dunkelbraun. Für uns waren diese Griffel immer schon der Türkenbart – oder „da Türkabaart" –, weil man bei uns zu Mais „Türken" gesagt hat.Es braucht nicht viel Phantasie, um sich vorstellen zu können, dass wir Kinder gemeint haben, diesen „Türkabaart" wie Tabak verwenden zu können. So ist er uns dann zum Rauchen als durchaus geeignet erschienen. Also zogen wir beim Hüten der Kühe aus den kurz vor der Ernte stehenden Maisstauden mit den schon gelben und trockenen Hüllblättern kurzerhand ein paar Handvoll dieses „Tabaks" heraus und setzten uns damit unter einen Baum.Schon zu Hause hatten wir in weiser Voraussicht ein Zeitungsblatt der „Vorarlberger Nachrichten" vom Vortag und in einem kleinen Döschen Mehlpapp – so nannten wir diesen selbst gemachten Kleister aus Wasser und Mehl – hergerichtet. Nun haben wir den „Türkabaart" zwischen den flachen Händen etwas in die Länge gerollt und dann in ein Stück Zeitungspapier eingewickelt. Jetzt brauchten wir noch unseren Mehlpapp, um das am Rand ein wenig übereinander gelegte Zeitungspapier zusammenzukleben. Dann hieß es ein bisschen zuwarten, bis der Kleister angezogen hatte, und schon konnten wir unsere manchmal etwas dick geratene Zigarette der Marke „VN" anzünden.Das hat ganz gut funktioniert, aber nach drei oder höchstens vier Zügen war wieder Schluss mit der Pafferei, weil dieser Tobak dank des Zeitungspapiers so gut gebrannt hat, dass oft die ganze Zigarette Feuer fing. Das hat uns aber nicht daran gehindert, es immer wieder zu versuchen. Weil es so gut geschmeckt hat, zumindest haben wir uns das eingeredet, und weil dieser Rohstoff jederzeit kostenlos und leicht zu beschaffen war, haben wir das auch einmal zu Hause in der Tenne gemacht. Dabei sind wir von Tätti überrascht worden. Er erklärte uns, dass wir auf keinen Fall in der Tenne rauchen dürften. Er meinte, dass das viel zu gefährlich sei, und sagte noch, dass das Rauchen von „Türkabaart" ohnehin ungesund sei.Kurzerhand nahm er uns mit in die Küche und setzte sich an den Küchentisch. Wir beide mussten auf der Eckbank Platz nehmen. Dann meinte er, wir sollten nicht dieses elende Zeug, sondern lieber „äppas Gschieds", also etwas Gescheites, rauchen, griff in seine Brusttasche und gab jedem von uns eine seiner langen Zigarren der Marke „Virginier". Wir Buben hatten ja schon oft genug beobachten können, wie Tättì sie fachkundig vorbereitete, bevor er mit dem Rauchen begonnen hat.Also haben wir zuerst den Halm aus dem Mundstück gezogen. Dann nahmen wir sie erwartungsvoll in den Mund. Tättì steckte sie uns eigenhändig an und wir begannen, heftig daran zu saugen. Wir zogen so heftig dran, dass sich am Zigarrenende bald eine ordentliche Glut gebildet hatte.Im Gesicht meines kleinen Bruders konnte ich gleich das typische Grinsen sehen, das er immer aufgesetzt hat, wenn ihm etwas gefiel. Nachdem wir den ersten Zug genommen hatten, steckte sich auch Tättì eine Zigarre an. So saßen wir alle drei am Tisch und zogen an unseren Zigarren. Weil wir so heftig daran gezogen haben, dass sie richtig qualmten, ist der in unsere Münder gelangende Rauch geradezu heiß geworden.Ich glaube mich daran erinnern zu können, dass meinem Bruder nach nicht einmal einer Viertelstunde das Grinsen vergangen war und wir beide ziemlich gleichzeitig die Zigarren in den Aschenbecher gelegt haben und aufs Plumpsklo gerannt sind. Wir haben uns hundeelend gefühlt und furchtbar schlecht war uns auch. Im Plumpsklo angekommen nahmen wir gleich den hölzernen Deckel vom Sitzbrett herunter und steckten abwechslungsweise unsere Köpfe in den Kloschacht in der Hoffnung, bald Erbrechen zu können. Trotz des nach Ammoniak riechenden Gestanks, der immer aus der Jauchegrube nach oben gestiegen ist, gelang uns das aber nicht.Zurück in der Küche sahen wir, wie Tättì an den von uns angerauchten Zigarren die Glut abstreifte. Dann verstaute er beide wieder in seiner Hemdentasche. Er wollte noch von uns wissen, ob uns die Zigarren geschmeckt hätten und ob wir gerne weiter rauchen möchten. Uns beiden aber war noch immer schlecht und wir hatten noch immer den ekelhaften Geschmack vom heißen Zigarrenrauch im Mund. Unsere Zungen fühlten sich pelzig an und haben recht ordentlich gebrannt. Ohne Worte haben wir nur den Kopf geschüttelt und er schien genau zu wissen warum.

Socken oder Fußlappen

Socken hat Tättì prinzipiell nicht getragen. Anstelle von Socken verwendete Tättì Fußlappen. Wir Buben übrigens auch, sobald wir in Gummistiefeln gehen mussten.Fußlappen waren damals etwas Alltägliches. Man konnte sie leicht selber anfertigen. Sie waren sehr praktisch und vor allem kosteten sie so gut wie nichts. Ein richtiger Fußlappen wird aus Baumwolltuch gemacht und hat ein Ausmaß von einem knappen halben Meter im Quadrat. Er kann durchaus ein bisschen größer sein, weil der Fußlappen dann den Fuß besser umschließt und einem beim Anlegen die Enden nicht so leicht aus der Hand rutschen können. Man tut sich dann etwas leichter damit. Wenn er ein bisschen zu groß geraten ist, schauen schlimmstenfalls Teile des Fußlappens über den Schuhrand hinaus.

Wenn der Fußlappen ausgebreitet so auf dem Boden liegt, dass zwei der vier Spitzen je links und rechts vom Fuß zu liegen kommen, zeigt die dritte zwangsläufig nach hinten und die letzte von den Zehen weg nach vorne. Jetzt wird der Fuß draufgestellt und so platziert, dass er möglichst genau im

Zentrum des Fußlappens steht. Dann legt man die beiden seitlichen Spitzen eine nach der anderen über den Rist, schlägt die vordere Spitze zurück über die Zehen, zieht sie ebenfalls zum Rist her und legt sie über die beiden bereits auf dem Rist angekommenen Spitzen oder Zipfel. Jetzt wird das noch nicht ganz fertige Werk mit einer Hand fixiert und über dem Rist zusammengehalten. Mit der anderen, noch freien Hand, zieht man jetzt den bisher unberührt am Boden liegenden hinteren Zipfel des Tuchs über die Ferse hoch und fertig ist diese äußerst bequeme und luftige Fußbekleidung. Für diese Arbeit brauchte Tättì keine fremde Hilfe, weil er die drei bereits über seinem Vorderfuß liegenden Zipfel des Fußlappens mit den Fingerknöcheln seiner rechten Hand auf dem Rist andrücken konnte und den Zipfel an der Ferse mit seiner linken Hand zu fassen bekam. Sobald das Werk auf diese Weise getan war und sein Fuß gut eingepackt gewesen ist, schlüpfte er damit in den schon zuvor bereitgestellten und ungeduldig wartenden Schuh. Tättì hat immer schwarze, ziemlich derbe und hohe, bis über die Knöchel reichende Lederschuhe getragen und die Fußlappen haben oft über den Rand seiner Schuhe herausgeschaut. Das konnte man gut sehen, wenn er beim Sitzen ein Bein über das Knie des anderen gelegt hat und unter seinem Beinkleid ein schneeweißer Unterschenkel hervorlugte. Tättìs Unterschenkel schienen die Sonne nur vom Hörensagen zu kennen und erinnerten mich gleichsam an Alabaster und Bildhauerei.

Wir Buben mussten diese Prozedur öfter am Tag wiederholen. In den Stiefeln haben sich unsere Fußlappen immer wieder selbständig gemacht und sind daher auch dann auch, wenn wir gar nicht gerannt, sondern nur gegangen sind, in Richtung Zehen gerutscht. Das war zwar ein bisschen lästig, aber wir waren nichts anderes gewöhnt und Socken oder Kniestrümpfe haben wir damals eben noch nicht gekannt. Was uns Großmamma nie angetan hätte, bei unserer eigenen Mutter hat uns dieses Schicksal ein paarmal ereilt! Wenn unsere Gegenwehr erfolglos geblieben war, was natürlich meistens der Fall gewesen ist, ist es vorgekommen, dass uns Mutter gezwungen hat einen Straps mit wollenen Strümpfen und darüber eine knielange Hose zu tragen. Eine Hose in der zuvor ein anderes Kind gesteckt hatte, vielleicht sogar ein kleiner Schweizer aus dem Bekanntenkreis unserer Verwandtschaft, der bereits vor längerem aus seinem kindlichen Beinkleid herausgewachsen war. Ich kann mich wirklich noch gut daran erinnern, dass ich am eigenen Leib verspürt habe. wie sich so ein Straps angefühlt hat. Für mich war es jedenfalls verabscheuungswürdiges Teufelszeug!

Wirklich schlimm wurde die Lage dann, wenn sich einer der beiden wollenen Strümpfe selbständig gemacht hat und nach unten Richtung Knie zu rutschen begann. Auslöser für dieses Missgeschick konnte ein verlustig gegangener Knopf oder Groschen sein, mit dem man den Strumpf in der metallenen Spange eingeklemmt hatte, die mit einem kurzen Gummiband am Straps befestigt gewesen ist. Das machte man nämlich so, dass man zwischen Schenkel und Strumpf einen entsprechend großen Knopf oder ein Fünfgroschenstück einklemmte und den Strumpf an dieser Stelle in die Spange eingehängt hat.

Bis hierhin wäre das Ganze ja noch erträglich gewesen. Es konnte aber sein, dass das eine oder andere Mal mit uns Buben auch Mädchen mitgespielt haben. Man kann sich leicht vorstellen, welch blödes Gelächter dieses von weitem sichtbare Missgeschick bei den Spielkameraden ausgelöst hat und – schlimmer noch – wie blamiert man sich mit diesem in Gegenwart eines Mädchens gefühlt hat!

Erst später bekamen wir dann von meiner Firmgota Kathi zum Geburtstag immer von ihr selbst gestrickte Wollsocken oder sogar Kniestrümpfe geschenkt, wie ich mich noch ganz dunkel erinnern kann. Kathi war Vaters älteste Schwester und meine Taufpatin. Ich sehe sie heute noch in unserer Küche auf der Eckbank sitzen und ernst durch ihre dicke Brille schauen.

Mein Bruder Rinaldo hat ganz automatisch auch davon profitiert. Auch er kam in den Genuss von Tante Kathis handgestrickten Wollsocken, obwohl er nie katholisch getauft worden ist und deshalb auf eine Taufpatin verzichten musste. Aber Tante Kathi wollte ihn natürlich nicht benachteiligen oder gar vor den Kopf stoßen und außerdem bekam sie jedes Mal, wenn sie uns mit Wollsocken beladen in Hard besucht hat, ewas Gutes zu essen.

Tättìs Lebensphilosophie und der rote Kapuziner

Während meiner Kindheit ist Tättì für mich die wohl wichtigste Bezugsperson gewesen. Tättì hat nicht viel geredet, aber seine Philosophie war einfach und klar. Er hat mich nie ausdrücklich für meine Leistungen gelobt, aber ich habe immer gespürt, wenn er mit mir zufrieden gewesen ist. Er hat mich überall hin mitgenommen, hat mich alles gelehrt, was ich wissen musste und was er für wichtig gehalten hat, und er ließ mich vor allem machen, auch wenn mir dabei gar nicht so selten Fehler unterlaufen sind. Tättì war nie ungehalten mit mir und hat mich, soweit ich mich erinnern kann, nicht ein einziges Mal geschimpft.Bis heute habe ich nicht vergessen, dass er einmal von einem jungen Mann, dessen Frau davongelaufen war, weil sie sich gestritten hatten, um Rat gefragt worden ist. Nachdem Tättì sich seine Leidensgeschichte angehört hatte, sagte er nur trocken zu ihm: „Lass sì loofa! Sie wùerdt schòa wìdr kòò, wenn sì ìn Schtaal schiißa wìll!" Will heißen: „Lass sie laufen, sie kommt sicher zurück, wenn sie Sehnsucht nach dir hat, also in den Stall scheißen will!" So war Tättì.Nachdem er an einem Speiseröhrenkarzinom erkrankt und nach den Bestrahlungen im Krankenhaus zum Sterben nach Hause geschickt worden war, hat er noch ein paar Wochen im Schlafzimmer, dem „Gaada", verbracht. An einem Mittwochnachmittag war ich wieder einmal bei ihm zu Besuch. Das pflegte ich damals nach seiner Entlassung aus dem Krankenhaus jede Woche zu tun. So auch an diesem Tag. Es war am frühen Abend und ich bin an seinem Bett gesessen. Kurz bevor ich im Begriff war, mich zu verabschieden, habe ihn gefragt, ob er etwas brauche und ob ich ihm irgendwie helfen könne. Darauf sagte er mit schon ziemlich schwacher Stimme zu mir: „Wenn'd mr würklì healfa witt, denn treescht mì iatz in Hännagaarta aahì und erschlahscht mì mit 'm Béilì!" Auf gut Deutsch: „Wenn du mir wirklich helfen möchtest, dann trag mich jetzt in den Hühnergarten runter und erschlag mich mit dem Beil!" Im Hühnergarten befand sich nämlich der Schuppen mit dem Hackstock, auf dem Großmamma die Hühner köpfte, wenn sie vorhatte, eine Suppe zu machen.

Schon vor dem zweiten Weltkrieg und wahrscheinlich auch während des Krieges hat man Zucker aus der nahen Schweiz über den Rhein nach Österreich geschmuggelt. Wie meine Mutter mir einmal erzählt hat, soll auch Tättì das eine oder andere Mal daran beteiligt gewesen sein. Nach dem Krieg hatte das anscheinend Konsequenzen und so wurden alle, welche dabei erwischt worden sind, zu Gefängnisstrafen verurteilt. Solche Strafen mussten in Feldkirch abgesessen werden. Weil Tättì Bauer und Müller gewesen ist, durfte er das anscheinend in Raten tun und so kam es, dass er immer wieder mal ein paar Tage von zu Hause verschwunden gewesen ist. Auf die Frage meiner Mutter, wo denn Tättì sei und wann er wiederkomme, soll Großmamma nur gesagt haben: „Mach d'r koa Sorga, er ìscht bim roota Kapuziin'r gì a Bsüahlì máha und kuut baald wìdr hoam!" Damit wollte sie seinen kurzen und tunlichst geheim zu haltenden Gefängnisaufenthalt in Feldkirch beschreiben.

René, der Franzosenbub

In unserer Nachbarschaft, unweit von der Kirche und dem Pfarrhaus, wohnte eine Familie, deren Tochter eine Jugendfreundin meiner Mutter gewesen ist. Diese Jugendfreundin hatte nach dem Krieg eine Bekanntschaft mit einem französischen Soldaten und ist mit ihm am Ende der Besatzungszeit der Liebe wegen nach Frankreich gezogen. Sie hat sich mit ihrem Mann in Toulon niedergelassen, weil der dort als Fallschirmjäger stationiert wurde. So wie meine Mutter kam auch sie ein paar Sommer lang im Gefolge ihrer drei Kinder nach Mäder in den Urlaub, damit diese die Ferien bei ihrer Großmutter verbringen konnten.René, ihr Sohn, war nach seiner Schwester das zweitjüngste der drei Kinder und sprach außer ein paar Wörtern kein Deutsch. Trotzdem haben wir uns auf Anhieb gut verstanden und jeder von uns hat sofort gewusst, was der andere wollte oder gemeint hat. Wenn ich René mit auf unseren Bauernhof genommen habe und wir Tätti über den Weg gelaufen sind, rief der immer „Travail, travail!" Damit wollte er René begrüßen und ich war von seinen Sprachkenntnissen ziemlich beeindruckt. Mir fällt jetzt auch ein, dass Tätti nie „Gehsteig", sondern „Trottoir" und statt Geldbeutel „Portemonnaie" gesagt hat.

René war stolzer Besitzer eines Luftgewehrs. Das war aufregend und ein guter Grund, mit ihm befreundet zu sein. Das Luftgewehr hatte er von seinem Vater zu Weihnachten geschenkt bekommen und er zeigte mir bereitwillig, wie man damit umzugehen hatte, wenn man schießen wollte.

Tag für Tag schossen wir auf leere Konservendosen und Flaschen, manchmal sogar auf eines unserer Hühner, um es aus dem Tiefschlaf zu holen. Das haben wir allerdings immer aus einiger Entfernung getan, um ja nicht damit in Zusammenhang gebracht zu werden. Soweit ich mich erinnere, ist deswegen auch nie eines zu Tode gekommen oder gar im Kochtopf gelandet. Renés Vorräte an Munition schienen unerschöpflich zu sein. Immer wieder brachte er von zu Hause ein neues Schächtelchen mit.

Eines Tages haben wir uns dabei ertappt, dass wir, ohne uns zuvor abzusprechen, immer öfter nach den Vögeln in den Bäumen Ausschau gehalten haben. Es war schnell klar, dass jetzt ein Vogel als Ziel herhalten musste, und schon hatte René einen ins Visier genommen und abgedrückt. Aufgeschreckt durch das heruntergeschossene Blatt ist er davongeflogen. Er hatte Glück gehabt und war noch einmal davongekommen.Nun gab René mir das Gewehr in die Hand und bedeutete mir, dass ich jetzt dran sei. Ich wartete ein bisschen und suchte im Geäst eines Baumes nach einem nicht allzu weit entfernten Ziel. Es dauerte gar nicht lange und ich hatte eine kleine Kohlmeise entdeckt. Um möglichst treffsicher schießen zu können, legte ich das Luftgewehr seitlich an dem Baum an, neben dem wir gestanden sind. Ich zielte kurz und drückte ab.

Bis heute bereue ich, was dann geschehen ist! Der kleine Vogel schreckte, nicht tödlich getroffen, auf und flatterte zu Boden. Ich rannte gleich hin und sah, wie er aufgeregt und in Todesangst mit seinen kleinen Flügeln um sich geschlagen hat. Erst nachdem ich ihn mit dem Gewehrkolben erschlagen hatte, war Ruhe.

Zu Hause in Hard, wenn ich im Frühsommer mit meiner selbst gefertigten Lanze ab und zu eine Schleie beim Laichen gestochen habe, hat mich das nie so betroffen gemacht. Ich habe danach auch nie mehr auf einen Vogel gezielt.

Wir wären keine Lausbuben gewesen, wenn wir uns nach diesem Vogelmord keine Dummheiten mehr ausgedacht hätten. Also beschlossen wir, von unserer „Bündt" aus Pfarrers Köchin aufs Korn zu nehmen. Nicht direkt sie als Person, aber zumindest sie in ihrer Wirkungsstätte, der Küche.

Wir wussten, dass sie am späteren Vormittag immer damit beschäftigt war, das Mittagessen vorzubereiten. Das war auch diesmal so. Die Küche hatte ein zweiflügeliges Sprossenfenster. Eines davon war offen, damit der Küchendunst abziehen konnte. Wir sahen, wie sie geschäftig auf dem Tisch hantierte und sich in ihrer Küche hin und her bewegte. Uns war sofort klar, was zu tun war. René legte sein Luftgewehr an, zielte genau und traf eine der kleinen Fensterscheiben. Wir konnten sehen, wie die gute Frau zusammenzuckte, als ihr die Glassplitter der zerborstenen Fensterscheibe um die Ohren flogen. Schreiend rannte sie aus der Küche. Das Geschrei konnten wir bis in unsere „Bündt" herüber hören!

Konsequenzen mussten wir nicht befürchten. Es gab zwar Vermutungen, dass das Luftgewehr mitunter eine Rolle gespielt haben könnte, aber da keine Munition gefunden worden ist, fehlte es an Beweisen und so gilt auch für uns beide die Unschuldsvermutung, und zwar bis heute!

Tätti und der Männerchor

Tätti war ein leidenschaftlicher und guter Sänger. Er hatte eine schöne, tiefe Stimme und konnte sehr tief singen. Man hörte ihn schon am frühen Morgen im Stall und den ganzen Tag immer und überall vor sich hin pfeifen oder singen. Als Bassbariton war er ein wichtiges Mitglied des Männerchors. Die einmal im Monat regelmäßig stattfindenden Proben waren eine willkommene Abwechslung in seinem Alltag. Tätti war ein geselliger Mensch und hat den Gesang sehr genossen. Deshalb hat er auch nie eine Probe ausgelassen.Singen kann eine recht anstrengende Tätigkeit sein. Das weiß jeder, der es selber tut. Und da auf Tättis Heimweg nach der Gesangsprobe immer schon das Gasthaus Krone am Weg gestanden hat, ist es schon mal vorgekommen, dass er mit zwei oder drei Sangesbrüdern dort hängen geblieben ist. Irgendwann, nachdem es schon spät geworden war und der Wirt Sperrstunde machen und schließen wollte, rief der laut: „Mir hond Schpeerschtund", obwohl der kleine Chor immer noch gut gelaunt und frohgemut am Singen war. Gerade wenn Onkel Hellrigl, Tättis Schwager, mit von der Partie gewesen ist, konnten sie kaum genug davon kriegen. Warum alle „Onkel Hellrìgl" zu Tättìs Schwager gesagt haben und nicht Onkel Edmund, wie er mit Vornamen geheißen hatte, konnte ich auch durch noch so gründliche Recherchen nicht herausfinden.

Onkel Hellrìgl, der, wie gesagt, eigentlich Edmund Hellrigl hieß und Poststellenleiter war, war ein Halbbruder von Großmamma, hatte eine wunderbare Bassstimme und war ebenfalls ein begeisterter Sänger. Zwei Tenöre mit Tättì als Bariton und Onkel Hellrìgl als Bass hatten durchaus einiges zu bieten! Da konnte es schon mal vorkommen, dass Tättì seine Kollegen aufgefordert hat, nachdem sie die „Krone" gut gelaunt und zu später Stunde verlassen hatten, ihn doch noch den kurzen Weg nach Hause zu begleiten und mit ihm ein Glas „Mòscht" zu trinken. Manchmal bin ich aufgewacht, wenn die Männer mitten in der Nacht laut singend die Straße heruntergelaufen kamen und geräuschvoll die Treppe heraufstiegen sind. Sobald sie es sich in der „Schtùba" gemütlich gemacht hatten und Großmamma einen Krug „Mòscht" auf den Tisch gestellt hatte, mussten die Sangesbrüder als erstes natürlich ihre Kehlen ausgiebig befeuchten. Dann sangen sie ein Lied nach dem anderen. Dazwischen hörte ich immer wieder lautes Gelächter. Den Pfeifen- und Zigarrenrauch konnte ich bis in unsere Kammer im Dachgeschoss riechen. Das war wunderschön! Ich war hellwach und habe nur noch gelauscht.Großmamma hat sich für solche Ereignisse wenig begeistern können. Gleich nachdem sie den Mostkrug auf den Tisch gestellt hatte, verzog sie sich wieder ins neben der „Schtùba" liegende „Gaada". Sie hat ja ihren Schlaf ganz dringend gebraucht, weil sie schon am frühen Morgen wieder die Kühe melken musste.

Tättì ist gerade mal einundachtzig Jahre alt geworden und natürlich ist er vom Männerchor verabschiedet worden. Er war der einzige Mensch in meinem Leben, dessen Tod mir so nahe gegangen ist, dass ich mich, nachdem ich die Nachricht von seinem Ableben erhalten hatte, ins Auto gesetzt habe und ans nahe Seeufer hinunter gefahren bin. Erst dort begann ich, so zu heulen, dass es mich regelrecht geschüttelt hat.So ist das Leben. Auch das Abschiednehmen gehört dazu und wenn es noch so schwerfallen mag. Ich bin unendlich dankbar dafür, dass ich den vielleicht schönsten Teil meiner Kindheit bei ihm und mit ihm verbringen durfte.

Mit dem Pferdefuhrwerk von Mäder nach Hard

Zu meinen schönsten Erinnerungen gehört wohl die Fahrt mit dem Pferdefuhrwerk von Mäder nach Hard. An einem schönen Spätsommertag sagte Tättì zu mir, dass ich nicht wie bisher üblich von meiner Mutter abgeholt werde, sondern dass er mich diesmal mit dem Pferdefuhrwerk nach Hause bringe. So war es dann auch und nachdem Großmamma am nächsten Morgen die Kühe im Stall gemolken und Tättì sie auf die Weide hinterm Haus gelassen hatte, schirrte er unser Pferd an und spannte es vor den Wagen. Auf diesen Wagen waren erst vor kurzem gummibereifte Räder montiert worden. Mit den neuen Rädern ließ der Wagen sich leichter ziehen und das Pferd hatte weniger Mühe. Das Pferd brauchte nun viel weniger Kraft, als ihm vom alten Leiterwagen mit den eisenbereiften Rädern und den Holzspeichen abverlangt worden war. Nachdem Tättì das Pferd vor den Wagen gespannt hatte, holte er noch einen Ballen Heu aus der Tenne und warf ihn zusammen mit einem Säckchen Hafer auf den Wagen. Die „Gòasla" genannte Peitsche steckte er in die dafür vorgesehene Halterung vorne

50

am Wagen und Großmamma gab mir noch einen Apfel mit auf den Weg. Dann sind wir losgefahren.Obwohl ich die Strecke von den vielen Fahrten mit meiner Mutter recht gut gekannt habe, war ich doch ein bisschen aufgeregt. Schließlich war die Fahrt mit dem Pferdefuhrwerk etwas ganz anderes. Noch nie zuvor war ich einen derart langen Weg mit dem Pferdwagen gefahren.

Gezogen hat uns damals „Lisa". Lisa war eine dunkelbraune, fast schwarze Norikerstute. Ihr schönes, glänzendes Fell hat mir immer so gut gefallen, wenn ich sehen konnte, wie sich darunter die starken Muskeln bewegt haben. Lisa war die Vorgängerin von Susi, auffallend kräftig und muskulös. Sie hatte schwarzes Mähnenhaar und einen langen schwarzen Schweif.Norikerpferde sind sehr ausdauernde Kaltblüter und mir kam es so vor, dass Lisa auf der Fahrt von Mäder nach Hard nie müde geworden ist, weil sie immer wieder und ganz von selbst zu traben begonnen hat. Mit leerem Wagen und gummibereiften Rädern hatte sie natürlich auch nicht besonders schwer zu ziehen. Nachdem wir Altach und Hohenems hinter uns gelassen hatten, war es schon mitten am Vormittag und wir hatten nun die lange Strecke nach Lustenau vor uns.Auf halbem Weg von Hohenems nach Lustenau befand sich damals an der linken Straßenseite das „Gasthaus Schweizerhaus". Heute steht an diesem Platz ein China-Restaurant. Dort machten

wir halt und Tättì band Lisa an einem der dafür vorgesehenen und in die Hauswand eingelassenen Eisen-
ringe an. Nachdem er dem Pferd ein mit Hafer gefüllte Leinensäckchen so umgehängt hatte, dass es daraus
fressen konnte, sind wir ins Gasthaus gegangen. Tättì
hat noch um einen Kübel Wasser gebeten, damit Lisa
nach der langen Fahrt etwas zu saufen bekam. Sie
hatte ordentlichen Durst und soff den ganzen Kübel
leer.Nachdem auch das erledigt war, setzten wir uns
an einen Tisch in der Gaststube. Tättì bestellte für
sich eine Flasche Bier und ich bekam eine Limonade.
Dann holte er eine seiner langen Virginier-Zigarren
aus der Brusttasche seines Hemdes, steckte sie an und
begann, sich mit einem Gast am Nebentisch zu unterhalten. Der staunte nicht schlecht als er gehört hat,
dass wir mit dem Fuhrwerk von Mäder bis hierher
gefahren waren, und begleitete uns dann noch hinaus, nachdem Tättì unsere Zeche bezahlt hatte. Lisa
schien genau zu wissen, dass es sich bei diesem Mann
um einen einigermaßen vernünftigen Menschen gehandelt hat, weil sie es sich gefallen ließ, von ihm
am Hals getätschelt zu werden. Nachdem Tättì dem
Pferd das Leinensäckchen mit dem restlichen Hafer
abgenommen und verstaut hatte, fuhren wir weiter
Richtung Lustenau. Der Tischnachbar, mit dem sich
Tättì in der Gaststube unterhalten hatte, winkte uns
noch eine ganze Weile nach. Lisa begann bald wieder
zu traben. Es schien ihr Freude zu machen und Tättì

ließ sie laufen. Mir kam es manchmal so vor, dass Tättì und Lisa während der Fahrt immer irgendwie miteinander geredet haben, ohne laut sprechen zu müssen. Lisa bewegte ihre Ohren völlig unabhängig voneinander in alle Richtungen. Eines der beiden war immer Tättì zugewandt.

Es war schön zu beobachten, wie Lisa alle Lenkkommandos von Tättì kannte und wie exakt sie diese befolgt hat. Sobald wir das Pferd beim „Schweizerhaus" wieder losgebunden hatten und auf die Ladefläche des Wagens geklettert waren, nahm Tättì die Zugleinen in die Hand, zog sie leicht an, um die Aufmerksamkeit von Lisa zu bekommen, ließ sie wieder los und sagte im selben Augenblick „Hüa". Das Pferd wusste sofort, was er meinte, und ist losgelaufen. Wollte Tättì, dass Lisa nach links gehen sollte, zog er die linke Zugleine leicht an, rief „Wiist" und das Pferd bog links ab. Sollte das Pferd nach rechts abbiegen, machte er es gerade umgekehrt und rief „Hott". Am Ziel angekommen, zog er beide Zugleinen ein wenig an, rief „Üüha" und das Pferd blieb stehen. Als mir Tättì die Zügel in die Hand gab und meinte, ich könne das selbst ausprobieren, hat es auch bei mir sofort geklappt. Es war ein schönes Gefühl, mit einem so großen und starken Tier über zwei lange und schmale Lederriemen verbunden zu sein.

Nachdem wir den Ort Lustenau erreicht hatten, sahen wir links und rechts der Straße fast nur noch

Häuser und dann und wann einen Laden. Hin und wieder begegnete uns ein Auto oder wir wurden von einem überholt. Lisa schien keine Angst davor zu haben und der Verkehr in den Straßen machte ihr nichts aus, obwohl sie das von zu Hause gar nicht gewöhnt sein konnte. Ich kann mir gut vorstellen, dass sie sich deshalb so sicher gefühlt hat, weil sie Tättì hinter sich gewusst hat. Durch die Trense, die auf beiden Seiten mit den Enden der Zugleine verbunden war, konnte Lisa in ihrem Maul die kleinsten Bewegungen von Tättìs Hand spüren.Die Fahrt durch Lustenau dauerte schon einige Zeit und schien sich immer mehr in die Länge zu ziehen. Ich war richtig froh, als wir die vielen Häuser hinter uns lassen konnten und die Dammstraße nach Hard erreicht war. Nun ich wusste ich, dass wir den längsten Teil der Fahrt hinter uns hatten.

Auf Höhe der Rheinbrücke, der Verbindung von Fussach und Hard, angekommen, fragte mich Tättì, ob ich ihm den kürzesten Weg zu uns nach Hause zeigen könne. Das konnte ich und war natürlich stolz darauf, als Wegweiser gebraucht zu werden. Etwa eine halbe Stunde später sind wir dann auch zu Hause vor dem Harder Zollamt angekommen und konnten mit dem Fuhrwerk in den Hof vor unserem Schuppen fahren.Das war vielleicht ein Hallo! Mutter hatte uns vom Küchenfenster aus in den Hof fahren sehen und kam aus der Wohnung gerannt und eine große

Kinderschar war zusammengelaufen und bestaunte uns auf dem Pferdefuhrwerk. So etwas hatte noch keines der Kinder vom Hof erlebt! Sie staunten nicht schlecht, als sie mich nach ein paar Wochen wieder zu sehen bekamen und dann gleich mit Ross und Wagen! Das war schon eine kleine Sensation.

Mittlerweile war es Mittag geworden. Tättì warf Lisa noch einen Arm voll vom mitgebrachten Heu vor die Füße, damit sie etwas zu fressen hatte, und nachdem sie angebunden und versorgt war, gingen wir mit Mutter in die Küche. Für Tättì gab es eine „Flädlesùppa" und danach etwas zu essen. Die Fritattensuppe hat ihm so gut geschmeckt, dass er gleich noch zwei Teller davon gegessen hat und danach gar nichts mehr essen wollte. Ich hatte ohnehin keinen Hunger und drängte sofort wieder in den Hof hinaus, weil ich durchs Küchenfenster sehen konnte, wie meine Spielkameraden Lisa zu streicheln begannen, während sie sich an ihrem Heu gütlich getan hat. Nach einer Flasche Bier und einer Pause von vielleicht einer Stunde kam Tättì in den Hof und fragte mich, ob ich wieder mit ihm zurück nach Mäder fahren wolle. Das war leider nicht möglich und er wusste das auch. Für mich begann nämlich ein ganz neuer Lebensabschnitt, weil ein Teil meiner Kindheit abgeschlossen war. In wenigen Tagen sollte ich nämlich eingeschult werden.

Tätti, der Landwirt und Müller

Meine Großeltern, beide Jahrgang 1896, bewirtschafteten zusammen ihren kleinen Bauernhof. Tätti war, wie schon berichtet, aus dem ersten Weltkrieg als Invalide nach Hause gekommen und konnte seinen rechten Arm und die rechte Hand fast nicht mehr gebrauchen. Von meiner Mutter weiß ich, dass die Verletzung so schlimm gewesen sein muss, dass man im Lazarett nach der ersten Untersuchung der Meinung gewesen war, ihm unverzüglich den rechten Arm abnehmen zu müssen. Zu seinem großen Glück bekam er es aber mit einem erfahrenen Wiener Chirurgen zu tun, der angeblich gemeint haben soll, es erst einmal ohne Amputation versuchen zu wollen, abnehmen könne man den Arm immer noch!

Weil er trotz dieses Handicaps unbedingt Bauer sein wollte, bekam er von seinen Eltern eine alte Getreidemühle geschenkt. Zum Betrieb dieser Mühle ist im Erdgeschoss des Bauernhauses eine richtige Müllerei eingerichtet worden. Damit hatte er neben der Landwirtschaft eine weitere Einnahmequelle. Übrigens, Tätti war neben seiner Tätigkeit als Landwirt und Müller auch noch Stromeinzieher. So nann-

te man damals jemanden, der im Auftrag der „Vorarlberger Kraftwerke" befugt war, bei den Verbrauchern
im Ort die fällige Stromrechnung einzukassieren. Er
war sehr darauf bedacht, nicht nur und ausschließlich
von den geringen und ziemlich unregelmäßig anfallenden Einnahmen aus der Landwirtschaft abhängig
zu sein. Deshalb nützte er die Gelegenheit, solcherart
die bescheidene finanzielle Lage etwas aufzubessern.

Die Müllerei, für uns und Tättì „d' Mùehlì", war
etwas ganz Besonderes. Sie hat genau so ausgesehen,
als hätte sie bereits Wilhelm Busch als Vorlage für seine Zeichnungen in den Lausbubengeschichten von
„Max und Moritz" gedient. Der Trichter und alle Ver-
kleidungen der Mühle waren vollständig aus Holz gebaut. Das Mahlwerk wurde von einem gusseisernen
Elektromotor über Transmissionen angetrieben. Die
Transmissionen waren aus starken breiten Lederriemen gemacht, die über kugelgelagerte Rollen geführt
worden sind, und je nach Entfernung des vom Motor oder der Umlenkrolle angetriebenen Mühlenteils
länger oder kürzer waren. Die breiten Lederriemen
machten immer ein klatschendes Geräusch, sobald
Tättì auf den Anlasser des Motors drückte und sie
sich in Bewegung setzten.Nachdem die Mühle für
das gewünschte Mahlgut eingestellt gewesen war, holte Tättì einen der Säcke mit den schönen hellgelben
Maiskörnern und wuchtete ihn auf seine Schulter.
Dann stieg er auf den neben dem Trichter stehenden

Schemel mit den beiden Tritten. Der Trichter befand sich nämlich an der höchsten Stelle der Mühle und es war nur mehr wenig Platz zwischen seinem oberen Rand und der Decke. Oben angekommen, öffnete er den Sack und kippte den Inhalt in den Trichter. Das schaffte er alles mit nur einer, seiner linken Hand. Jetzt war der schwerste Teil der Arbeit gemacht und er konnte wieder heruntersteigen. Ab und zu hielt er ein Stück Harz an die Unterseite der Treibriemen, damit sie besser an den Antriebsrollen hafteten und nicht so leicht abrutschen konnten. Tättì mahlte mit seiner Mühle ausschließlich Mais, der damals von allen Bauern des Ortes ausgesät und geerntet worden ist.

Wir Buben haben das am eigenen Leib zu spüren bekommen. Großmamma hat uns fast ausschließlich mit dieser Kraftnahrung gefüttert. Wir bekamen jeden Morgen davon und es hat mir immer sehr gut geschmeckt. Mit dem Löffel aus einem großen Suppenteller gegessen, vermischt mit etwas „Linde-Kaffee" und viel heißer Milch und Zucker, war das eine richtige Köstlichkeit.

Sobald Tättì die Maiskörner in den Trichter gekippt hatte, konnte man hören, wie sich das Mahlwerk an die Arbeit machte und die Walzen ziemlich geräuschvoll mit dem Zerkleinern der Körner begannen. Jetzt wurden die harten Schalen vom Mehlkörper getrennt. Die zerkleinerten Körner fielen auf die Schüttelsiebe, die in einer mit Holz verkleideten Rinne eingelegt worden waren. Durch ein kleines, fast blindes Fenster konnte Tättì ein wenig dabei zuschauen und sehen, wie das Maismehl in der Rinne zu einem dafür vorbereiteten Sack transportiert und dort aufgefangen wurde.

Jeder Sack wurde auf der alten Dezimalwaage mit Hilfe der auf dem Fenstersims aufbewahrten Gewichte abgewogen und dann zum Abholen bereitgestellt. In einem abgegriffenen kleinen Heftchen mit Eselsohren hat Tättì Buch geführt. In diesem Heftchen notierte er das Gewicht des Mahlgutes, den Namen des Kunden und den Preis für's Mahlen.Als Kassa diente eine kleine, offene und ziemlich abgenützte braune Pappschachtel, die so alt ausgesehen hat, dass man hätte meinen können, sie hätte schon seit hundert Jahren auf dem Fenstersims gelegen. Dieses Schächtelchen lag dort immer völlig unbeaufsichtigt, nur beschützt von den großen verstaubten Netzen der Hausspinnen, die zuhauf im Fensterstock gehangen sind. Zumindest so lange, bis Großmamma diese Kunstwerke bei einem ihrer eher seltenen Rundgänge durch die Mühle, und nach Tättìs Meinung unnötigerweise, entfernt hat. Tättì hatte eben auch in diesen Dingen seine eigene Philosophie.

Die zerkleinerten harten Schalen der Maiskörner sind ebenfalls aufgefangen worden. Großmamma hat sie an die Hühner und Schweine verfüttert. Sie machte daraus immer einen Brei mit gekochten Kartoffeln, den sie mit Milchwasser verfeinert hat. Diesen Brei bekam dann unser Hausschwein zu fressen. Es hat ihm immer sehr gut geschmeckt. Das konnte man an seinen Fressgeräuschen gut hören.Da Tätti seine Mühle nur etwa alle zwei Wochen in Betrieb genommen hat, kamen an solchen Tagen natürlich alle Kunden auf einmal, um ihr Mahlgut abzuholen. Dann ging es oft ein wenig turbulent zu. An jedem Sack hing ein kleiner Zettel, auf dem Tätti Gewicht und Preis notiert hatte. Wer der Eigentümer des Sackes war, ist nicht draufgestanden. Das wusste Tätti sowieso und das brauchte nicht eigens notiert zu werden.

Unser Bauernhof

Die Müllerei war, wie schon gesagt, im Erdgeschoss des Bauernhauses eingerichtet worden. Man betrat sie gleich, nachdem man die Haustüre hinter sich geschlossen hatte. durch die erste Türe rechts. Links von der Haustüre ging es die Stiege hoch in den ersten Stock. Die Stiegentritte waren aus Buchenholz gemacht worden, das vom vielen Schrubben und Scheuern mit Schmierseife schon einen schönen matten Glanz bekommen hatte.Stiegenputzen war damals eine ziemlich anstrengende Arbeit. Damit die über Jahrzehnte entstandene Patina des Holzes nicht zerstört wurde und man nicht täglich putzen musste, hatte Großmamma einen Teppich aus dünnem Baumwollstoff auf die Stufen gelegt. Der hat wenigstens ein bisschen Schutz vor Tättìs derben Schuhen geboten. Seine Schuhe, die er auch im Stall getragen hat, waren an den Sohlen oft voller Dreck oder Mist. Für Tättí kam es nie in Frage, sie vor dem Betreten der Stiege auszuziehen, wie man das heute von modernen Bauern kennt. Da lief er schon lieber nach dem Verlassen des Stalles eine Weile im hohen Gras herum und versuchte auf diese Weise, die Reste von Mist und anderem Dreck von den Schuhsohlen zu bekommen. Nach den ersten sieben oder acht Treppenstufen war das Stiegenpodest erreicht. Vom Podest aus ging es nach rechts um die Ecke, dann war man im ersten Obergeschoss angekommen und man ist in der Diele gestanden, von der aus man die Küche und auch „d' Schtùba" betreten konnte. Auch die Stiege fand dort ihre Fortsetzung zum Dachgeschoss mit Tante Lores „Tabu-Zimmer" und unserer Kammer. Von der Diele aus konnte man aus dem Fenster, das sich genau über der Haustüre befunden hat, auf die Dorfstraße sehen.

Einen Handlauf, an dem man sich halten hätte können, gab es nicht, aber auf der rechten Seite der Stiege ist, nachdem man in der Diele im Obergeschoss angekommen war, ein großer Kasten gestanden. Der Kasten stand mit der Rückwand zur Stiege und übernahm damit gleichzeitig die Sicherung des Stiegenhauses. So konnte niemand hinunterfallen. Vom Erdgeschoss aus gelangte man auch in den Mostkeller, der einen Boden aus gestampftem Lehm hatte. Der Mostkeller war sozusagen „da Käär". Man konnte ihn durch eine Tür gegenüber dem Hauseingang betreten. Dieser Mostkeller war eigentlich gar kein Keller, weil er nur einen oder zwei Tritte tiefer lag als der Boden im Flur. Links vom Eingang zum „Käär", der an anderer Stelle noch eine wichtige Rolle spielen wird, war der Eingang zum Stall.

Einmal auf dem Dachboden hat man durch die

Lattung die Dachziegel gesehen. Isolation gab es keine und die frische Luft konnte überall durchziehen. Alle Fenster hatten weiß lackierte Sprossen, von denen manchmal schon die Farbe abgeblättert war, und die Fensterläden, „d'Lääda" genannt, waren grün gestrichen. Jeder „Laada" konnte mit einem Haken aus Draht an der Außenseite des Fensters eingehängt werden, um ungebetene Gäste fernzuhalten.

Das Bauernhaus, der Stall und seine Bewohner

Auf der, vom Stalleingang aus gesehenen, linken, also der Straße zugewandten Seite des Stalles, von der aus man auch das Haus betrat, war die Wohnung unseres Hausschweines, also der Schweinekoben, eingerichtet worden. Für uns war's „da Suuschtaal". Danach hatten fünf Kühe ihr Zuhause und dann kam Susi die Haflingerstute. Sie hatte einen von den Kühen abgegrenzten Wohnbereich. Gleich nach Susis Box gab es einen Zugang zur Tenne mit dem Futtersilo aus Beton und dem Heuboden überm Stall. Von der Tenne aus gelangte man in den Wagenschopf. Susis Box war also an jenem Ende des Stalles, von dem aus man über den Stallausgang zum Misthaufen gelangt ist, der sich bei uns hinterm Haus befunden hat. Jahre später wanderte er dann, ohne auch nur einen Schritt zu tun, vors Haus. Ganz einfach deshalb, weil die neue Hauptstraße hinterm Haus durch Tättìs „Bündt" geführt worden ist. Der Misthaufen und die „Bündt" waren nun also nach Jahrzehnten des trauten Beisammenseins für immer voneinander getrennt. Der einzige Vorteil war, dass die Zufahrt zu unserem Misthaufen über die neue asphaltierte Straße sehr viel komfortabler war als der Weg durch die „Bündt". Susi wird sich immer dann über diesen Komfort gefreut haben, wenn wieder einmal Mist ausgebracht werden musste! Gegenüber dem Misthaufen war der Eingang in unseren „Hännagaarta". Dort konnten Großmammas Hühner frei herumlaufen und nach Herzenslust picken und scharren. Ihre recht komfortable Wohngemeinschaft, in der sie täglich ihre Eier deponiert haben, befand sich auch da drin.

In der Tenne war Platz für den Heuwagen mit seiner langen Deichsel. Sobald der Wagen vom Pferd in die Tenne gezogen worden war, konnte man es ausspannen und dann die paar Schritte von der Tenne in den Stall auf seinen Platz führen. Das Kummet und der Rest des Pferdegeschirrs hingen immer griffbereit an der Tennenwand an einem dafür in die Wand eingelassenen Haken.

Was es in einem Bauernhaus außerhalb des Wohntraktes natürlich immer und überall zu sehen gibt, sind Spinnennetze in allen vorstellbaren Größen und in oft äußerst kunstvollen Formen und Ausführungen. So war es auch bei meinen Großeltern. Vor allem in der Tenne, im Wagenschopf und im Stall. Auch auf dem Dachboden oder in der Mühle hingen sie in allen Ecken, oft verstaubt und von ihren Besitzern verlassen. Da sie niemandem im Weg waren und keinen gestört haben, ist außer Großmamma und

Tante Lore auch niemand auf die Idee gekommen, sie zu entfernen. So kam es, dass auch wir Buben uns nicht davor geekelt haben, wenn wir beim Spielen mit den Haaren hineingeraten sind. Wir waren immer schon daran gewöhnt. Auch wenn wir versehentlich eine zuvor nicht wahrgenommene Besitzerin aufgeschreckt haben, die irgendwo versteckt im Netz lauerte hat, uns das überhaupt nichts ausgemacht. Kreuzspinnen gehörten so wie alle anderen Haustiere auch zum Leben auf dem Bauernhof.

Sobald man also das Haus durch die immer unversperrte Haustüre betreten hatte und die Stalltüre öffnete, sah man vor sich die Kühe auf ihrem mit Stroh ausgelegten Bretterboden stehen. Weil sie mit ihren Hörnern in Richtung Futterkrippe an der Wand zur Tenne gestanden sind und mit ihrem Hinterteil zu uns, sind wir ihnen im wahrsten Sinne des Wortes tagtäglich am Arsch vorbei gegangen. Durch Auslässe in der Wand konnte man ihnen von der Tenne aus ihr Futter, also Heu oder Gras, manchmal auch zerkleinerte Futterrüben oder Silomais, in den Futtertrog werfen. Für das Pferd musste man das Heu oder Gras von der Tenne hereintragen und in die Krippe stopfen, weil Susi, anders als die Kühe nicht aus einem Trog, sondern aus ihrer Krippe an der Wand gefressen hat. Kühe und Pferd waren das ganze Jahr über immer im Stall angekettet. Das war damals so und es hat niemanden gestört. Immerhin waren die Ketten so lang, dass sich die Tiere an ihrem Standplatz zum Wiederkäuen niederlegen konnten, aber das war schon alles. Das Pferd habe ich überhaupt nie liegen sehen. Es döste meistens im Stehen vor sich hin, einen Vorderfuß leicht angehoben und auf das Hufeisen gestützt. Zum Tränken von Pferd und Kühen füllte Tättì aus dem an der Stallwand montierten Wasserhahn einen alten Eimer, bei dem das Email zum Teil schon abgestoßen war und der mehrere Rostflecken hatte, mit Wasser und gab den Tieren zu trinken.

Unsere Geburtenstation im Stall

Ein ganz besonderes Erlebnis war für mich, als ich beim Kalben einer unserer Kühe dabei sein durfte. Schon den ganzen Tag über spürte ich bei den Großeltern eine gewisse Anspannung. Das hat sich auch auf mich übertragen, weil ich gewusst habe, was bevorstand, und ich war deshalb ziemlich aufgeregt. Wir gingen schon recht früh am Morgen in den Stall und Tätti begann gleich, beruhigend auf die Kuh einzureden. Er nannte sie dabei bei ihrem Namen, den ich mir leider nicht gemerkt habe. Die Kuh war am Morgen nicht mehr aufgestanden, weil sie wahrscheinlich gespürt hatte, dass sie in Kürze ein Kalb bekommen würde. Es dauerte gar nicht lange, bis die Presswehen einsetzten. Ich hatte richtig Mitleid, als ich merkte, wie die Kuh gelitten hat. Nachdem wir etwa eine halbe Stunde im Stall verbracht hatten, ist ihre Fruchtblase geplatzt und ein Schwall Fruchtwasser ergoss sich auf das Stroh. Ich erschrak, weil ich dachte, mit dem Kalb sei irgendetwas Schlimmes passiert. Tätti meinte aber, dass alles in Ordnung sei und wir hoffentlich bald ein gesundes Kalb zu sehen bekämen. So war es dann auch. Die Kuh stöhnte einige Male und bald darauf begann sich etwas an ihrem Hinterteil bemerkbar zu machen. Nun konnte ich zuschauen, wie Tätti ihr dabei geholfen hat, das Kälbchen auf die Welt zu bringen. Als erfahrene Geburtshelferin ist Großmamma schon mit einem Kälberstrick parat gestanden. Sobald die kleinen Hufe des Neuankömmlings zu sehen waren, band sie diesen um seine Vorderbeine. Dann zog sie vorsichtig daran. Man konnte auch schon ein bisschen vom Maul des Tierchens sehen. Dann half Tätti ein wenig nach und schon kamen der Kopf und danach der schlanke Rumpf des Kleinen zum Vorschein und gleich darauf fielen seine Hinterbeine ins Stroh! Das war für Kuh und Kalb und uns alle eine richtige Kraftanstrengung und gar nicht so einfach. Schließlich war es aber da und alle waren glücklich und zufrieden. Großmamma putzte das Kälbchen mit einer Handvoll Stroh ab und zog es nach vorne zum Kopf der Mutter, sobald die es aus seiner Verpackung geholt hatte. Nachdem es herausgerutscht war, steckte es nämlich fast vollständig in einer schleimigen Haut.

Es ging gar nicht lange und schon konnte der Neuankömmling auf seinen eigenen Beinen stehen. Am Anfang zwar etwas wackelig, aber es klappte schnell recht gut. Auch seine Mutter war zufrieden und beruhigt, dass das Kälbchen aufgestanden war. Sie schien sogar ein bisschen stolz zu sein, denn unser Kälbchen, das an diesem Morgen das Licht der Welt erblickt hatte, war ein wunderschönes, dunkelbraunes, kleines Stierkalb.

Tätti war recht bald entschlossen, das Kalb nicht zu verkaufen, sondern es aufzuziehen und zu einem Stier heranwachsen zu lassen. Das war eigentlich eher ungewöhnlich, weil wir ja bisher nur mit Kühen zu tun hatten. Die Aufzucht eines Stierkalbs hat es schon allein deshalb in sich, weil ein solches Tier in wenigen Monaten ordentlich an Gewicht zulegt. Außerdem können ausgewachsene Stiere mit etwas über einem Jahr ziemlich ungemütlich werden.So war es auch bei unserem Kälbchen. Es wuchs und gedieh prächtig und wir hatten unsere Freude damit. Als es im Frühling das erste Mal mit seiner Mutter die Wiese hinterm Haus betreten durfte, hüpfte es wie verrückt im Gras. Der kleine Kerl wuchs schnell und tollte als pubertierender Halbwüchsiger mit uns auf der Wiese herum. Sobald er uns verfolgt hat und nachgerannt ist, flüchteten wir über den Zaun in Tante Lores Garten. Nach wenigen Wochen konnte man schon die kurzen knöchernen Ansätze der beiden Hörner des Kleinen sehen und er hatte bereits ordentlich viel Kraft. Er benahm sich schnell ganz anders, als wir das von den Kuhkälbchen gewöhnt waren. Wenn er einen von uns Buben ins Visier genommen hatte, was man sofort an seinem Blick sehen konnte, wussten wir, dass es Zeit war, uns in Sicherheit zu bringen. Manchmal waren wir nicht schnell genug und weil wir Spaß daran hatten, ihn so lange wie möglich herauszufordern, konnte es passieren, dass er uns verfolgt hat und über den Haufen rannte, bevor wir über den Zaun springen konnten. Wahrscheinlich glaubte er, in uns zwei seiner Artgenossen zu erkennen, benommen haben wir uns ja nicht viel anders!

Der Stier und die Brückenwaage

Nachdem ein paar Monate vergangen waren und wir in den Osterferien wieder einmal zu unseren Großeltern gebracht worden waren, war aus unserem Halbwüchsigen vom vergangenen Herbst ein kräftiger muskelbepackter und Respekt einflößender Stier geworden. Wir waren schon sehr gespannt darauf, wie er wohl aussehen würde. Als wir den Stall nach längerem wieder zum ersten Mal betraten, schnaubte er und stampfte mit den Vorderhufen, obwohl er uns eigentlich aus unserer gemeinsamen Kindheit noch recht gut hätte kennen müssen. Sein tiefes Grollen hat uns gleich ein bisschen Angst gemacht und es war klar, dass wir uns hüteten, ihm zu nahe zu kommen.

An einem der darauffolgenden Tage, wir Buben waren grad damit beschäftigt, in der Wiese hinterm Haus die Nester mit unseren Ostereiern zu plündern, hörten wir, dass Tättì mit unseren beiden Onkeln Arnold und Rinaldo redete, die er zu sich gerufen hatte. Schnell warfen wir jeder noch das eine oder andere bunte Osterei so hoch wir konnten in die Luft und ließen es auf die Wiese ins Gras fallen, um gleich darauf zu prüfen, ob es den Sturz heil überstanden hatte, was fast immer der Fall gewesen ist. Dieses Spiel hat uns Tante Lore beigebracht und wir haben die Ostereier immer so lange in die Höhe geworfen, bis endlich eines kaputt gegangen ist und genüsslich verspeist werden konnte.

Dann rannten wir zu Tätti und bekamen mit, dass er meinte, unsere beiden Onkel sollten mit dem Stier ins Ortszentrum gehen, um ihn dort auf der Brückenwaage der Raiffeisengenossenschaft wiegen zu lassen. Er hätte gerne gewusst, wie schwer der etwa anderthalb Jahre alte und sehr stark gewordene Stier sei. Erst wenn er das Gewicht des Stiers kannte, konnte er eine Vorstellung davon bekommen, wie lange er ihn wohl noch weiterfüttern müsse, um ihn für möglichst gutes Geld verkaufen zu können. Auf die Weide hinterm Haus wollte er den Stier ohnehin nicht mehr lassen. Dafür schien er ihm zu unberechenbar geworden zu sein.

Ich kann mich noch genau daran erinnern, wie meine beiden kräftig gebauten jungen Onkel – sie waren damals etwa Mitte bis Ende zwanzig – in den Stall gegangen sind und einen Plan geschmiedet haben, wie der Stier wohl auf die Waage gebracht werden könnte. Tätti hatte kein Fahrzeug, mit dem man ein solches Tier hätte transportieren können. Er war für einen Transport dieser Art gar nicht eingerichtet und für einen Frächter wollte er kein Geld ausgeben. Die Brückenwaage war vielleicht etwa fünfzehn bis zwanzig Gehminuten von unserem Bauernhaus entfernt, der Weg dorthin also ohnehin nicht allzu weit. So beschlossen die beiden, dem Stier, noch während er angekettet an seinem Standplatz neben dem Schweinekoben stand, zwei ausreichend starke Seilschlaufen um den Hals zu legen und ihn erst danach von der Kette zu nehmen. Jeder der beiden sollte dann eines der Seilenden in die Hand nehmen. So wollten sie den Stier gemeinsam und vorsichtig von seinem Standplatz herunterziehen und auf die Straße führen. Weil Tättì Milchbauer und kein Bullenzüchter war hatte, der Stier als „Halbstarker" keinen Nasenring verpasst bekommen, an dem man ihn hätte führen können. Also mussten meine Onkel ihr Glück auf diese Weise versuchen. Nachdem Onkel Arnold, der ältere der beiden, eine Zeit lang beruhigend auf den Stier eingeredet hatte, nahm er all seinen Mut zusammen, streifte die erste Seilschlaufe behutsam über den riesigen Kopf des Stiers und legte sie ihm um den Hals. Das andere Ende des Seils gab er Onkel Rinaldo in die Hand, der schon auf dem Gang des Stalls darauf gewartet hatte. Bislang war alles überraschend gut verlaufen, vielleicht auch deshalb, weil es den Stier beruhigte, dass Tättì ebenfalls im Stall gewesen war und ihm gut zugeredet hatte. Nachdem der Stier das zweite Seil auch um seinen Hals hatte, schien der schwierigste Teil geschafft zu sein. Ich meine, dass sich der Stier all das nur deshalb gefallen lassen hat, weil

Tättì in der Nähe gewesen ist und ihm meine beiden Onkel nicht gänzlich unbekannt gewesen sind. Wir Buben waren ziemlich aufgeregt und durften mit einigen Metern Abstand zuschauen.

Als unsere beiden Onkel, dem Stier weiter gut zuredend und ohne ihn allzu sehr zu bedrängen, vorsichtig an den Seilen zu ziehen begannen, drehte er sich langsam um und ließ sich gemächlich aus dem Stall führen. Dann standen alle drei auf der Straße, der Stier in der Mitte und je einer meiner Onkel mit gebührendem Respektsabstand rechts und links von ihm am Straßenrand. Es versteht sich von selbst, dass jeder der beiden darauf geachtet hat, ihm ja nicht zu nahe zu kommen. Ich wollte natürlich so wie immer und bei allem auch dabei sein und durfte mit entsprechendem Abstand nachkommen. Mein Bruder Rinaldo wollte lieber zu Hause bei Tättì und Ponso bleiben. Zur Sicherheit und um den Stier mit seinem Gebell auf keinen Fall zu erschrecken, durfte auch „Bonzo" unser Hund nicht mitkommen.

Zur Überraschung aller benahm sich der Stier wie ein Lamm und trottete meinen beiden Onkeln ganz gemächlich hinterher. Ab und zu blieb er stehen und zog prüfend die Luft durch seine weit geöffneten Nüstern ein. Ich hatte den Eindruck, dass er die frische Luft richtig genossen hat. Jedes Mal, wenn er stehen blieb, zogen die beiden Onkel, wie auf ein gemeinsames Kommando, ein wenig an den Seilen, um ihn zum Weitergehen zu bewegen.Das ging eine Weile ganz gut und nach den ersten zwei- oder dreihundert Metern wollten die beiden den Stier dazu bewegen, etwas schneller zu gehen, weil sie die Sache hinter sich bringen wollten und keine Lust hatten, zu spät zum Mittagessen zu kommen. Also begannen sie, die beiden Seile etwas straffer zu nehmen und den Stier ein wenig zu ziehen.Das hätten sie lieber bleiben lassen sollen! Das schwere muskelbepackte Tier wollte sich auf keinen Fall aus seinem Trott bringen lassen. Ehe sich die beiden versahen, riss ihnen der Stier mit einem Ruck die Seile aus der Hand und machte sich auf den Weg in eine benachbarte Streuobstwiese. Die blühenden Apfelbäume und das frische Gras hatten es ihm wahrscheinlich angetan, die beiden Seilenden schleifte er gemächlich hinter sich her. Ein paar Meter vom Straßenrand entfernt begann er zuallererst einmal zu grasen. Immer wenn einer der beiden Onkel glaubte sich nur nach einem der Seilenden bücken zu müssen, um ihn einfangen zu können, begann der Stier, ein bisschen zu traben und sich weiter feldeinwärts zu bewegen. So ging das sicher eine halbe Stunde lang und der Stier bewegte sich immer weiter Richtung Norden. In der Ferne konnte man schon den Rheindamm sehen. Erst als er genug vom frischen Gras gefressen hatte, ließ er sich einfangen und folgte den beiden, als ob nichts gewesen wäre bis zur Brückenwaage.Das Wiegen war eine Angelegenheit von ein paar Minuten und der Weg zurück in den Stall schien dem Stier sogar Freude zu bereiten. Er war auf jeden Fall ganz friedlich. Gut möglich, dass er froh gewesen ist, bald wieder in seiner gewohnten Umgebung und im Kreis seiner Kühe den Abend verbringen zu können. Tättì freute sich auf jeden Fall, als er den Waagschein in der Hand und gesehen hatte, dass der Stier auf dem Weg zu einem mittleren Gewichtsrekord war. Jetzt wusste er, dass das Tier in zwei, höchstens drei Monaten soweit sein würde, um es dem Metzger im Ort zum Kauf anbieten zu können.

Unser Hausschwein, Vielfraß und Allesfresser

Zurück in den Stall. Beim Hausschwein war im Unterschied zu den Kühen der Futtertrog so angebracht, dass man ihn außerhalb des Schweinekobens vom Stallgang aus auffüllen konnte. Unser Schwein machte immer mit lautem Grunzen auf sich aufmerksam, sobald man den Stall betreten hatte. Es war ein richtiger Nimmersatt, immer zum Fressen aufgelegt. Wie wir schon früher, als ich unsere Mühle beschrieben habe, mitbekommen haben, fütterte Großmamma unser Schwein mit einer ganz besonderen Hausmannskost, die aus gekochten und in der Schale zerstampften Kartoffeln, mit Molke oder Milchwasser zu einem Brei vermischt, bestand und mit der so genannten „Grüscha" verfeinert wurde.Mit „Grüscha" meinte Großmamma die beim Mahlen von Mais anfallenden äußeren Hüllen der Maiskörner. Diese musste das Schwein allerdings immer mit den Hühnern teilen, die auch für ihr Leben gerne „Grüscha" gepickt haben. Selbstverständlich sind auch alle Küchenabfälle, soweit sie denn von unserem Schwein goutiert worden sind, verfüttert worden.Wo wir gerade über unser Hausschwein reden, fällt mir ein, dass ich auch schon einmal beim Abferkeln dabei sein durfte. War das ein Erlebnis! Die Muttersau, um die es hier geht, hatte etwa ein Dutzend Junge die, eins nach dem anderen, buchstäblich aus ihr herausgeflutscht sind. So schien es mir zumindest. Die Geburt muss aber, auch wenn es nicht so ausgesehen hat, doch sehr anstrengend gewesen sein, obwohl die Ferkel so klein waren. Ich habe immer noch im Ohr, wie Großmamma die ganze Zeit beruhigend auf die auf der Seite liegende Sau eingeredet hat.Sobald Großmamma bemerkt hat, dass ein weiteres Ferkelchen im Anmarsch ist, half sie mit und zog es sanft aus dem Schwein heraus. Dann zwickte sie seine Nabelschnur ab, womit weiß ich nicht mehr, und wusch es mit warmem Wasser aus einem bereitgestellten Eimer. Das Waschen durfte ich bald übernehmen. Die Kleinen hatten eine ganz zarte, hellrosafarbene und sehr glatte Haut. Kaum hatte eines das Licht der Welt erblickt, zappelte es schon herum und war quietschlebendig. Jedes der kleinen Schweinchen konnte sofort laufen, nachdem ich es auf den Boden gestellt hatte. Auf einmal kam eines heraus, das sich überhaupt nicht bewegt hat. Großmamma tätschelte es ein wenig mit der Hand, um es wiederzubeleben und legte es dann, ohne sich lange damit aufzuhalten auf die Seite. Es war wohl schon tot auf die Welt gekommen. Wo der kleine Leichnam begraben worden ist, weiß ich leider nicht mehr.

Heute ist mir klar, dass kein Schwein von selbst und so quasi im Alleingang Junge bekommen kann. Es muss wohl zuerst – nolens volens – einen Eber zu sich nach Hause holen und ihn an sich heranlassen. Natürlich kann es sich auch außer Haus begeben und sich bei einem Eber zu einem Kurzbesuch einfinden, falls der das Reisen nicht so gut vertragen sollte. Unser Hausschwein jedenfalls, dem ich beim Abferkeln helfen durfte, muss eine Art unbefleckte Empfängnis gehabt haben, weil ich zuvor überhaupt nie einen männlichen Artgenossen mit großen Ohren und Ringelschwanz auf dem Hof zu Gesicht bekommen hatte. Obwohl mir eigentlich nie etwas entgangen ist, habe ich auch nicht bemerkt, dass man unser Schwein möglicherweise zu einem Tierarzt auf Kur oder etwas Ähnlichem geschickt hätte. Künstliche Besamung gab es damals wahrscheinlich noch gar nicht, ich habe jedenfalls nichts davon mitbekommen. Sei's drum, in meinen Kindertagen geschahen eben noch Zeichen und Wunder!

Das Leben mit den Kühen

Wie schon gesagt, grenzten an den Schweinekoben die Standplätze der Kühe mit den relativ kurzen mit Stroh eingestreuten Liegeflächen. Diese waren gerade einmal so lang, dass sich die Tiere zum Wiederkäuen niederlegen konnten und dass ihre Kuhfladen, die sie immer im Stehen abgesetzt haben, möglichst nicht auf dem Stroh gelandet sind. Geplant war es ja von vorneherein so, dass das Endprodukt ihrer vier Mägen möglichst genau und ohne Streuverluste in die dafür vorgesehene, etwa zehn Zentimeter tiefe und fünfundzwanzig Zentimeter breite Rinne, den so genannten „Schòoargraaba", fallen sollte. So hat Tättì diese in den betonierten Stallboden eingelassene Rinne genannt. Sie reichte in der ganzen Länge von einer Stallwand bis zur anderen, also vom Schweinestall vorbei an den Kühen bis zur Pferdebox. Die Beschreibung der Wohnverhältnisse unserer tierischen Mitbewohner zeigt, dass sich das Zusammenleben zwischen den Haustieren einerseits und Tättì andererseits im Grunde genommen immer auf engstem Raum abgespielt hat. Sobald man sich nämlich im Stall aufgehalten hat, lief man immer Gefahr, mit dem einen oder anderen Vierbeiner ungewollten Körperkontakt zu haben.Grundsätzlich ist das ja nichts Schlimmes, weil das einerseits dem Aufbau gesunder Abwehrkräfte dient und man andererseits die Möglichkeit hat, eine enge Beziehung zu den Tieren zu pflegen. Das zeigte sich allein schon dadurch, dass bei uns alle Tiere außer dem Hausschwein einen Namen gehabt haben. Jedes Tier kannte seinen Namen und hat auch darauf gehört. Nur Großmammas Hühner haben, soweit ich weiß, ebenso wie das Schwein, nie einen solchen bekommen. Vielleicht deshalb, weil diese beiden Tiergattungen früher oder später immer in unseren Mägen gelandet sind. Sei es als Suppenhuhn oder als Braten. Und irgendwann Carlotta, das Schwein, oder Piccola, das Hühnchen auf dem Teller zu haben, ist nicht jedermanns Sache!

Bei aller Tierliebe ist es aber in der Regel doch so, dass niemand verrückt danach ist, mit den anfallenden Exkrementen von Kühen mehr als unbedingt notwendig in Kontakt zu geraten. Es sei denn, draußen auf dem Feld zum Beispiel beim Hüten der Kühe. Da kommt es natürlich immer wieder vor, dass sich eine Kuh, ohne deshalb etwa das Grasen zu unterbrechen, ihrer im Rektum befindlichen Last entledigt. Dann kann man im wahrsten Sinne des Wortes hautnah erleben, wie ein frischer Kuhfladen produziert wird und zur Fußpflege genutzt werden kann. Auch wenn das, was ich nun beschreibe, nicht jedermanns

Sache sein mag, für uns Buben ist es immer und vor allem im Spätherbst eine willkommene Abwechslung gewesen.Um diese Jahreszeit fällt nämlich manchmal schon am frühen Abend, noch bevor die Kühe zurück in den Stall getrieben werden, der Tau auf die Wiesen und Weiden und das Barfußlaufen ist bereits eine ziemlich frische Angelegenheit. Wenn man dann das Glück hatte, mit beiden Füßen in einen frischen Kuhfladen stehen zu können und zu spüren, wie sich die weiche, warme Masse zwischen den Zehen den Weg nach oben gebahnt hat, war das ein ganz besonderer Genuss und es fühlte sich herrlich an. Der Kontrast zwischen einem frischen, warmen Kuhfladen und der kalten, taunassen Wiese erinnert mich noch heute irgendwie ans Kneippen, von dem ich damals allerdings noch keine Ahnung hatte.

Erfahrene Bauern, wie Tätti einer war, spüren natürlich und erkennen selbstverständlich, dass, wenn der Druck im Rektum einer Kuh im Steigen begriffen ist, über kurz oder lang mit einer mehr oder weniger heftigen Eruption gerechnet werden muss. Deshalb halten sie immer und in weiser Voraussicht, sobald sie mit der Stallarbeit beschäftigt sind, den gebotenen Sicherheitsabstand zum hinteren Ende einer Kuh ein.Neulinge und andere für die Stallarbeit untaugliche Individuen wissen das nicht, wie sollten sie auch! Sie haben keine Ahnung davon, dass das Ausscheidungsprodukt einer Kuh in der Regel sowohl farblich als auch hinsichtlich seiner Konsistenz in gewisser Weise an Cremespinat erinnert. Man braucht also nicht besonders viel Fantasie, um sich vorstellen zu können, dass die Exkremente einer Kuh sich, sobald sie auf den Boden fallen, genau aus diesem Grund nicht etwa völlig harmlos wie ein Klumpen Lehm verhalten. Nein, sie lassen sich als unangenehm riechende Spritzer auf Schuhen, Strümpfen und Hosenbeinen nieder, wenn der nötige Sicherheitsabstand nicht eingehalten worden ist, weil man das zu erwartende Geschehen nicht genauestens im Auge behalten hat. Besonders unangenehm wird das Ganze dann, wenn der solcherart Überraschte keine Gummistiefel, sondern Schuhe mit Schnürsenkeln trägt, weil diese beim Wechseln der Schuhe ja zuvor mit den Fingern geöffnet werden müssen.

Mit Schnürsenkeln hatten wir, Gott sei Dank, nichts am Hut, weil wir bei den Großeltern nie Schuhe getragen haben. Wir Buben hatten zwar schon Schuhe aus zweiter oder dritter Hand, aber eben nicht in Mäder. Die warteten nur in Hard auf uns. Bei den Großeltern haben wir nur Gummistiefel getragen, wenn wir nicht barfuß gelaufen sind.Bei uns waren deshalb die Folgen solcher zuvor geschilderten Unachtsamkeiten nicht besonders gravierend. Natürlich ist uns Buben dieses Malheur auch ab und zu passiert, weil sich der Blick von Kindern naturgemäß auf alles Mögliche, nur nicht auf das Wesentliche, in diesem Fall auf das hintere Ende einer Kuh, richtet.

Das Nagelbrett

Barfuß herumzuspringen kann auf einem Bauernhof manchmal auch gefährlich sein. So passierte es mir einmal, dass ich, verfolgt von meinem Bruder, aus dem Stall hinaus und am Misthaufen vorbei in die Wiese hinterm Hof rennen wollte. Gerade im Freien angekommen, bin ich mit dem bloßen Fuß in einen rostigen Nagel getreten, der aus einem Brett herausgeschaut hat, das am Boden lag. Das hat wirklich höllisch wehgetan! Am schlimmsten war wohl, dass ich auf meinem Rist unter der Haut die von unten drückende Nagelspitze erkennen konnte. Weil ich in vollem Lauf auf den Nagel getreten bin, habe ich ihn durch die Haut meiner Fußsohle zwischen zwei Mittelfußknochen hindurchgedrückt. Ein noch längerer Nagel wäre wahrscheinlich an der Oberseite meines Fußes wieder zum Vorschein gekommen!Ich hatte Angst davor, mir den Nagel selber aus dem Fuß zu ziehen, und habe laut nach Tättì geschrien. Der kam gleich aus dem Stall gelaufen und mit einem lauten „Hìmmlherrgòttsakrament, kascht du nìd luaga!" stellte er sich mit beiden Schuhen auf das Brett, hob mich hoch und zog mich mit einem Ruck im wahrsten Sinne des Wortes aus dem Nagel! Ich war heilfroh, den rostigen Nagel wieder los zu sein! Nachdem er Brett samt Nagel über den Zaun in den „Hennagaarta" geworfen hatte, rief er „Hannì, mah eam an Vrband" und schickte mich zu Großmamma in die Küche. Er meinte damit, sie solle sich meines Problems annehmen und mir einen Verband anlegen.

Ich humpelte die Stiege hinauf in die Küche. Großmamma schaute sich meinen Fuß an, holte ihre Apotheke aus dem Kasten, die sich in einer alten Pappschachtel befand, und kramte so lange darin herum, bis sie einen kleinen Tiegel gefunden hatte. Nun kam zuerst das übliche Prozedere, nämlich Schnaps und ein Tüchlein zum Desinfizieren. Danach holte sie mit dem Zeigefinger etwas von der selbst hergestellten Ringelblumensalbe aus dem Tiegel und schmierte sie mir auf die Einstichstelle. Verband gab es keinen, aber einen frischen Fußlappen um den Fuß. Das war alles. Anschließend musste ich zwei Tage in Stiefeln gehen und durfte nicht barfuß laufen.

Die Jauchegrube oder „da Bschüttikaschta"

Die weiter oben beschriebene und uns mittlerweile vertraute Rinne, die im Stallboden zum Auffangen der Exkremente bestimmt gewesen war, hatte eine leichte Neigung zur straßenseitigen Stallwand. Das hatte den Vorteil, dass die Gülle des Hausschweins und die Jauche von Pferd und Kühen in die „Bschüttikaschta" genannte Jauchegrube abfließen konnten. In dieser Jauchegrube sind logischerweise nicht nur die tierischen, sondern auch die Exkremente der Hausbewohner gesammelt worden. Diese sind nämlich bei der Benützung des Plumpsklos angefallen und dann – weil nicht wie bei unseren Stallbewohnern in dick und dünn getrennt – in freiem Fall und mit mehr oder weniger Getöse unten angekommen. Schließlich kamen sie aus einer Höhe von mindestens drei Metern in einem aus Fichtenbrettern gezimmerten, nicht schallgedämmten Schacht heruntergeflogen. Diesen hölzernen Schacht konnte man auch an der Stallinnenwand sehen. Er reichte von der Stalldecke bis in die Jauchegrube.

Dass jede Jauchegrube überzulaufen droht, wenn

sie nicht von Zeit zu Zeit geleert wird, leuchtet wohl jedem ein. Wie einer solcherart drohenden Gefahr in meinen Kindertagen begegnet worden ist, wird aber nicht jeder wissen. Mit der Jauche, der so genannten „Bschütti", also mit dem vom Mist befreiten dünn-flüssigen Teil der tierischen Ausscheidungen, ver-fährt man ähnlich wie beim Ausbringen des Mists auf die Felder. Man muss also zumindest rudimen-täre Kenntnisse auf dem Gebiet der Wetterkunde ha-ben, um einigermaßen sicher beurteilen zu können, wann der für das Ausbringen auf die Felder geeignete Zeitpunkt gekommen ist. Das war auf jeden Fall nur dann, wenn Regen angekündigt worden ist.

So kam es denn, dass Tättì diesen Zeitpunkt wie-der einmal erkannt und die Gelegenheit beim Schopf gepackt hat, weil der „Bschüttìkaschta" demnächst überzulaufen drohte,. Er schirrte das Pferd an und spannte es vor den alten Leiterwagen mit Holzrädern, auf dem das Jauchefass lag. Zu diesem haben wir „Bschüttìläägala" gesagt. Dann fuhr er mit dem Pferd seitlich und so nahe wie möglich neben die mit Die-len abgedeckte Jauchegrube.Nachdem das Fuhrwerk wie gewünscht dagestanden ist, konnte man damit beginnen, Erfahrung und Routine vorausgesetzt, die Jauche mit einer verzinkten Schöpfkelle ins bereitste-hende Jauchefass zu schöpfen. Die Schöpfkelle war an einer etwa zwei Meter langen Stange festgemacht. So ließen sich bei jedem Schöpfvorgang etwa drei bis

vier Liter Jauche mit Schwung ins Jauchefass beför-
dern. Wenn man es denn wirklich gekonnt hat! Nach
Adam Riese brauchte man also bei einem Jauchefass
mit einem Fassungsvermögen von zweihundertfünf-
zig Litern siebzig bis achtzig Schöpfkellen, um die
„Bschüttìläägala" voll zu kriegen.

Soweit zur Vorgeschichte. Diese Vorgeschichte
möchte ich noch um die Tatsache ergänzen, dass ich
zum Zeitpunkt des Geschehens etwa zwölf Jahre alt
gewesen bin. Ich glaube mich daran zu erinnern, dass
ich in diesem Lebensabschnitt immer noch die feste
Absicht hatte, selbst einmal Bauer werden zu wollen.

Vor der Befüllung der „Bschüttìläägala" mussten
wir zuerst die Dielen entfernen, um an den Inhalt
der Jauchegrube zu kommen oder um ihn zumindest einmal sehen zu können. Riechen konnte man
ihn immer sofort, erst recht im Sommer, wenn es
draußen schön warm war, und dann schon meter-
weit auch wenn die Grube zugedeckt gewesen ist.
Hatte man die Dielen zur Seite geworfen, damit sie
nicht im Weg herumlagen, und den hölzernen Deckel mit dem Holzgriff vom Jauchefass genommen,
konnte man mit der eigentlichen Arbeit beginnen.
Zuerst einmal stocherte Tättì mit seiner langstieligen
Schöpfkelle in den Tiefen der Jauchegrube herum,
um die teilweise in Form von kleineren Kotinseln
sichtbaren festen Bestandteile aufzulösen, die sich
seit dem letzten Ausbringen vor einigen Monaten –

sprich dem „Bschùetta" – gebildet hatten.Wie schon an anderer Stelle berichtet, handelte es sich bei unserer Jauchegrube um eine Einrichtung, die nicht nur von den Stallinsassen, sondern auch von ihren im Haus wohnenden Mitbewohnern beschickt worden ist. Und nachdem wir Hausbewohner, wenn auch notgedrungen, nicht auf die strikte Trennung unserer Ausscheidungen in feste und flüssige Bestandteile geachtet haben, ja das gar nicht konnten, waren solche Inselbildungen in letzter Konsequenz auch nicht zu vermeiden. Dass auch der eine oder andere nicht als Jauche verwendbare Bestandteil unten angekommen war, entlockte Tättì immer wieder einen leisen Fluch, weil er diesen Dreck nicht auf seinen Feldern sozusagen als Sondermüll auszubringen gewillt war. Dieser Sondermüll musste also irgendwie herausgefischt und anderweitig entsorgt werden.Bei diesem Arbeitsgang ist mir schlagartig klar geworden, warum der Stiel der Schöpfkelle so lang sein musste. Immerhin dürfte unsere Jauchegrube etwa anderthalb Meter tief, genauso breit und mindestens zwei Meter lang gewesen sein. Das Arbeiten mit der überlangen Schöpfkelle erinnert mich im Nachhinein an die Großküche einer Kantine, in der Eintopf in riesigen Behältern zubereitet wird. Zumindest was die Konsistenz des im „Bschüttìkaschta" befindlichen Materials betrifft, gab es gewisse Ähnlichkeiten.

Nachdem die Vorarbeiten so weit gediehen waren, dass man an ein zügiges Arbeiten denken konnte, durfte ich mit entsprechendem Sicherheitsabstand zusehen, wie Tättì gekonnt und mit einer unbeschreiblichen Eleganz seine Schöpfkelle in die Jauchegrube getaucht und dann die etwa zu zwei Dritteln gefüllte Kelle in einem einzigen schwungvollen Bogen auf den Rand der Öffnung des Jauchefasses gehoben hat. Wenn man weiß, dass diese Öffnung höchstens einen halben Meter im Quadrat groß gewesen ist, wird jedem gleich klar, dass bei dieser Arbeit ein gutes Augenmaß das um und auf ist!Mit einer leichten Drehung der Schöpfkelle schüttete Tättì, ohne etwas zu verschütten, den braunen, übelriechenden Inhalt in das Jauchefass. Der Weg, den die Schöpfkelle vom Auftauchen aus der Jauche bis zur Ankunft vor der Öffnung des Jauchefasses zurückzulegen hatte, schätze ich auf etwas mehr als zwei Meter. Diese Strecke musste Tättì mit der Schöpfkelle jedes Mal zurücklegen, und zwar mit der Präzision eines Schweizer Uhrwerks, um sauber zu arbeiten und um unerwünschte Spritzer zu vermeiden.

Sobald die erste Schöpfkelle ins Jauchefass entleert worden war und die gewohnte Routine offenkundig geworden ist, war der erste von Dutzenden gleichartiger Arbeitsschritte getan. Man muss sich vorstellen, dass Tättì, um überhaupt schöpfen zu können, das Stielende unter den steifen Fingern und dem ebenso steifen Daumen seiner rechten Hand so einklemmen musste, dass er mit seinem schwächeren, rechten Arm beim Anheben der Kelle mit ihrem Inhalt von drei bis vier Kilogramm entsprechenden Gegendruck ausüben konnte. Genau den brauchte er, um mit seinem starken, linken Arm nicht nur die Schöpfkelle führen zu können, sondern gleichzeitig ihren Inhalt präzise und, ohne etwas zu verschütten, mit Schwung zur Öffnung des Jauchefasses hochzuheben und im Jauchefass unterzubringen. Das war in meinen Augen eine absolute Meisterleistung!

Übrigens arbeite er auch so ähnlich, wenn er mit der Sense Gras geschnitten hat. Auch bei dieser Arbeit konnte er seinen rechten Arm noch nutzen, indem er den hölzernen Sensengriff unter die Finger seiner rechten Hand geklemmt hat. Tättì war alles andere als ein Weichei. Er machte alles, was er nur irgendwie ohne fremde Hilfe schaffen konnte, immer selbst und ich hatte schon allein deshalb vor ihm und seiner Leistung gewaltigen Respekt.

Natürlich habe ich schnell bemerkt, wie anstrengend das Füllen unseres Jauchefasses für Tättì gewesen sein musste. Deshalb wollte ich, dass er es mich ebenfalls versuchen ließ. Ich musste nicht etwa lange darum betteln. Er drückte mir mit einem leichten Grinsen die Schöpfkelle in die Hand und meinte noch, dass er, während ich weitermache, hinauf in die Küche gehen werde, um ein Glas Most zu trinken.

Kaum war er im Haus verschwunden – unser

„Bschüttìkaschta" hat sich ja genau neben dem Hauseingang befunden –, fuhr ich mit der Schöpfkelle in
die Grube und füllte sie für einen ersten Versuch etwa
zur Hälfte. Ich merkte schnell, dass nichts von alldem,
was ich bisher auf dem Bauernhof gemacht und gelernt hatte, mit dieser Tätigkeit zu vergleichen war.
Allein das Hantieren mit der langstieligen Schöpfkelle erforderte schon besonderes Geschick. Man kann
das durchaus so sagen, weil man mit diesem langstieligen Gerät die sehr unterschiedliche Konsistenz der
in der Grube gesammelten Jauche erfühlen musste,
um schlussendlich nur solche Bestandteile in der
Schöpfkelle zu haben, die wirklich ins Jauchefass gehörten und zur Düngung der Felder gewollt waren.

Die etwa zur Hälfte gefüllte Schöpfkelle fühlte
sich nicht allzu schwer an und so wagte ich meinen
ersten Versuch sie, so wie ich es bei Tättì gesehen hatte, mit Gefühl und genug Schwung zur Öffnung im
Jauchefass hochzuheben um auf diese Weise ihren
Inhalt loszuwerden. Das war ungleich schwieriger, als
ich es mir vorgestellt hatte. Als erstes fehlte mir das
Gespür für das erforderliche Tempo, um den rechten
Schwung zu bekommen, und zweitens der Blick für
die korrekte Einschätzung des Weges, um punktge-
nau im Ziel, sprich vor der Öffnung des Jauchefasses,
anzukommen.Das Ergebnis meines ersten Versuches
war im wahrsten Sinne des Wortes Scheiße! Fast der
gesamte Inhalt der Schöpfkelle – das dürften etwa

zwei Liter gewesen sein – fand sich nicht etwa im Jauchefass wieder, sondern rann an der Seite der „Bschüttiläägala" herunter und tropfte je nach Art und Konsistenz langsam oder etwas schneller zu Boden.Ein Teil dieser stinkenden Brühe bewegte sich aus der Schöpfkelle auf das Stielende zu, welches ich immer noch krampfhaft in meinen Händen hielt, und so ganz nebenbei fühlte ich auch im Gesicht den einen oder anderen Tropfen, der sich dort niedergelassen hatte. In meinem Haar spürte ich, Gott sei Dank, noch nichts, aber das hieß nicht etwa, dass es nicht ebenso unter diesem Ergebnis zu leiden gehabt hätte.

Nun gut. Es war schon damals nicht meine Art, die Flinte gleich ins Korn zu werfen oder gar klein beizugeben, und so machte ich nach einer gründlichen Fehleranalyse einen weiteren Versuch. Und siehe da, ich hatte schnell eine vage Vorstellung davon, wie ich den Dreh herausbekommen könnte. Ich glaube, nach dem fünfzehnten oder zwanzigsten Versuch schien ich es allmählich in den Griff bekommen zu haben. Das Lehrgeld, welches ich dafür bezahlen musste, hatte es in sich.In der Diele im ersten Geschoss befand sich - wie wir ja schon wissen –genau über der Haustüre ein Fenster, aus dem mir Tätti offensichtlich schon eine ganze Weile zugeschaut hatte, um meinen unzweifelhaft sichtbaren Teilerfolg zu begutachten. Er wollte wissen, ob ich Pause machen mochte, damit er das Jauchefass ein wenig abwaschen könne. Ich war sofort einverstanden. Als er gleich darauf mit einem Eimer Wasser aus dem Stall gelaufen kam, verzog er keine Miene. Es schien für ihn völlig normal zu sein, dass ich über und über mit Sommersprossen, die nach Jauche gestunken haben, übersäht gewesen bin. Es gab kein Fleckchen an mir, das nicht aufs Übelste gerochen hätte. Ich habe gestunken, als wenn ich in der Jauchegrube gebadet hätte! Und trotzdem habe ich nach der Pause solange weiter geschöpft, bis das Jauchefass voll gewesen ist. Das war vielleicht anstrengend!

Ich kann nicht sagen, was der Grund für meine Robustheit gewesen ist. Auf dem Bauernhof habe ich mich während meiner ganzen Kindheit nie und vor gar nichts geekelt. Ich könnte mir vorstellen, dass der Grund auch darin gelegen hat, dass es damals für alle selbstverständlich war, Arbeiten, und waren sie noch so schmutzig, zu tun, weil sie getan werden mussten. Man konnte sie nicht einfach delegieren!Natürlich ist mir aufgefallen, dass zum Beispiel Tante Lore oder meine Mutter nicht verrückt danach gewesen sind, im Stall mitzuarbeiten oder gar mit Mist oder Jauche zu hantieren, aber es war jedem klar, dass auch das zum Leben auf dem Bauernhof gehört hat. Das Verständnis für diese Selbstverständlichkeit muss sich schon sehr früh in meinem Gehirn etabliert haben und mein Interesse für die Natur und der daraus abgeleitete Zugang zu allem Natürlichen werden das ihre dazu beigetragen haben.

Meine Tante Lore

Meine Tante Lore, die leider schon verstorben ist, war etwa zehn Jahre älter als ich. Zum Leidwesen aller hat sie für uns alle überraschend und viel zu früh das Zeitliche gesegnet. In der Zeit, als ich den größten Teil meiner Kindheit bei meinen Großeltern verbracht habe, hatte sie sich gerade mal aus der Pubertät verabschiedet. Das hieß natürlich, dass sie auf meine Dummheiten nicht immer mit der Gelassenheit einer nachsichtigen und gutmütigen alten Tante reagiert hat. Und gerade Dummheiten hatte ich immer reichlich auf Lager.Da hatte es sich zum Beispiel zugetragen, dass mir Onkel Arnold beigebracht hat, wie man mit der Pferdepeitsche schnalzen konnte. Die „Gòasla" genannte Peitsche war aus einem gedrechselten Stück Eschenholz gemacht und an der Spitze sehr biegsam. Die Schnur dürfte etwa anderthalb Meter lang gewesen sein, vielleicht auch etwas länger. Die „Gòasla" war vor allem deshalb so gebaut, weil man mit ihr den Pferderücken vom Wagen aus bequem erreichen konnte. So konnte man das Pferd damit leicht antippen. Tättì hätte sie nie verwendet, um es zu schlagen. Das war auch nicht notwendig.

Wenn man die „Gòasla" zum Schnalzen bringen wollte, musste man den Peitschenstiel in die Hand nehmen, zuerst die daran befestigte Schnur mit der Spitze des Peitschenstils in einem weiten Bogen hinter
sich schwingen und dann damit die Peitschenschnur
ruckartig nach vorne reißen. Sofern man das richtig
gemacht hatte, gab die Peitsche einen lauten, schnal-
zenden Knall von sich.

Wie so vieles im Leben so ist auch das Schnalzen mit einer Pferdepeitsche reine Übungssache und
als ich es dann endlich konnte, schnalzte ich stun-
denlang ums Haus herum.Das ging mir schon so,
nachdem ich gelernt hatte, wie man mit ganz speziell
geformten Lippen oder mit nur einem oder zwei Fingern dazwischen pfeifen konnte, wenn man die Luft
kraftvoll ausgeblasen hat. Auch diese Kunst habe ich,
sehr zum Leidwesen aller Hausbewohner und meiner
Erziehungsberechtigten, in stundenlangen, nicht enden wollenden Pfeifkonzerten ausgelebt.Die Knalle-
rei mit meiner „Gòasla" muss Tante Lore irgendwann
so auf die Nerven gegangen sein, dass sie aus dem
Haus gerannt kam. Mir war sofort klar, dass sie nur
eines im Sinn hatte, nämlich mir die Peitsche zu ent-
wenden. Das wollte ich auf jeden Fall verhindern und
so fuchtelte ich mit der „Gòasla" vor ihren nackten
Beinen herum und schnalzte damit wie eine ganze
Trachtengruppe. Um sie von ihrem Vorhaben abzu-
bringen, knallte ich ihr die Peitschenschnur mit aller

Kraft um ihre Unterschenkel und zwar so fest, dass man einen roten Striemen darauf sehen konnte.Das hätte ich lieber nicht tun sollen! Im dem Moment, in dem sich die Peitschenschnur um ihren Unterschenkel gewunden hatte, schnappte sie mit der Hand danach und riss mir die Peitsche aus der Hand. Mit der anderen Hand erwischte sie mich an den Haaren und schüttelte mich kräftig. Damit nicht genug, nein, sie verprügelte mich danach regelrecht. Ich bekam mehrere Ohrfeigen und obendrein gab sie mir ein paar derbe Fußtritte. Tättìs „Goasla" bekam ich an diesem Tag auch nicht wieder zu sehen. Die lag am Tag darauf in der Tenne auf dem Wagen.

Im Dachboden gab es neben Tante Lores Zimmer noch ein kleines Schnapslager, in dem Tättì seinen kostbaren Obstler aufbewahrte. Den Schnaps hatte er in Glasballons mit zwanzig oder dreißig Liter Fassungsvermögen – das weiß ich leider nicht mehr genau – abgefüllt und dort aufbewahrt. Die Ballons standen am Boden und in den zartblauen oder hellgrünen gläsernen Behältern sah der Schnaps sehr schön aus. Tättì hatte auf jeden Fall immer einen zufriedenen Ausdruck im Gesicht, wenn er aus diesem Kämmerchen herausgekommen ist.Ich weiß nicht, wie wir auf die Idee gekommen sind, ausgerechnet dort oben mit einem alten Fußball herum zu kicken, aber Tante Lore meinte, ich solle die Tür zum Kämmerchen hinter mir aufmachen und sie wolle versuchen, ein Tor zu schießen. Gesagt getan. Wir hatten es recht lustig und es ging auch eine ganze Weile ganz gut, aber auf einmal gab es einen lauten Krach, der Ball war im Tor angekommen und einer der Glasballons war zu Bruch gegangen. Es dauerte nur Sekunden, bis der ganze Dachboden nach Schnaps gerochen hat. Das wäre wohl noch das kleinere Übel gewesen, aber der verschüttete Obstler bedeutete eine mittlere Katastrophe, um nicht zu sagen ein nationales Unglück! Eigenartigerweise kann ich mich heute nicht mehr an Tätti Reaktion erinnern, als er davon erfahren hat. Geflucht wird er ja wohl haben und diese Geschichte ist auch noch Jahre danach immer wieder erzählt worden. „Hìmmlherrgòttsakrament!"

Fassanstich im „Mòschtkäär"

Jetzt wird es Zeit, den Dachboden zu verlassen und in den Mostkeller – der bei meinen Großeltern „da Käär" gewesen ist – hinunterzugehen. Unter einem Keller versteht man üblicherweise einen Raum, der im Kellergeschoss eines Hauses eingerichtet ist. Das Bauernhaus meiner Großeltern war nicht unterkellert und trotzdem war für uns der praktisch ebenerdig gelegene Raum „da Käär". Der Boden in diesem etwa drei auf vier Meter großen Raum war aus gestampftem Lehm und hat nach feuchter Erde gerochen. Noch intensiver als der Boden im Wagenschopf.

Im „Käär" hatten drei Mostfässer aus Eichenholz ihren Platz gefunden. Zwei davon mit einem Fassungsvermögen von je zweihundert Litern, im dritten hatten dreihundert Liter Most Platz. Die Fässer ruhten auf zwei Kanthölzern, von denen jedes wiederum auf Mauersteinen gelagert war. Die Kanthölzer reichten von der Tür bis zur hinteren Kellerwand. Links neben der Türe hatte Großmamma auf langen Brettern zwei Körbe mit Kartoffeln, die von Zeit zu Zeit immer wieder nachgefüllt werden mussten, und danach ist ein großer, dunkelgrüner Glasballon gestanden, der mit Mostessig gefüllt war. Die Öffnung des Glasballons deckte Großmamma mit einem Gazetuch ab, das sie mit einem roten Dichtungsgummi festklemmte. So gelangte Luft in den Ballon. Luft wurde von der Essigmutter benötigt, damit sie ihre Arbeit tun konnte. Im Ballon schwammen immer mehrere große Essigmuttern . Großmamma hat sie, wenn nur noch wenig Essig im Ballon war, zum Reinigen herausgeholt. Nachdem sie die Essigmutter abgewaschen hatte, kam sie zurück in den Ballon. Es flutschte richtig, wenn die ziemlich schwere Essigmutter wieder in den Ballon hineingerutscht ist! Damit der Mostessig nie ausging, füllte Großmutter den Ballon von Zeit zu Zeit wieder mit altem, schon ziemlich sauer gewordenem Most aus dem Vorjahr auf und die Essigmutter machte daraus in zwei, drei Wochen guten Mostessig.Sobald ein Fass trinkfertigen, also bereits vergorenen Most enthielt, wurde es angestochen. Unter Anstechen versteht man das Einschlagen eines meistens aus Eschenholz gefertigten Zapfhahns in das dafür vorgesehene Loch in der Vorderseite des Fasses. Tättì nannte diesen Vorgang übrigens „Aaschteaha". Der Zapfhahn lässt sich normalerweise mittels eines Drehventils ganz leicht linksherum öffnen und rechtsherum wieder schließen. Man kann also einen unter den Zapfhahn auf den Boden gestellten Krug bequem füllen. Großmamma zeigte mir auch bald, wie das funktionierte. So konnte man auch mich in den „Käär" schicken, um Most zu holen, wenn davon gebraucht worden ist, und das ist gar nicht so selten, eigentlich tagtäglich der Fall gewesen.

Nun da ich, zwar erst etwa sechs Jahre alt, ebenso wie die Erwachsenen Zugang zum „Käär" hatte und mich recht gut ausgekannt habe, schlich ich mich, übermütig und durstig wie ich gewesen bin, statt im danebengelegenen Stall vom Wasserhahn zu trinken, in den „Käär". Dort angekommen, schloss ich so leise wie möglich die Tür hinter mir und schaltete das Licht an. Im „Käär" gab es nur eine schwache Birne an der Decke, die in einer mit zwei Drähten verbundenen Fassung steckte und rundherum mit den Fäden eines Spinnennetzes zusätzlich gesichert war.

Damit hatte ich erste Hürde genommen, denn das uralte, rostige Schloss mit dem klapprigen Türgriff war nicht ganz geräuschlos zu öffnen. Einmal im Keller habe ich mich unters größte Fass auf den Rücken gelegt und darauf geachtet, dass ich mit meinem Mund genau unter den Auslass des Zapfhahns zum Liegen gekommen bin. Nun musste ich, auf dem Rücken liegend, nur noch den Zapfhahn ein wenig aufdrehen und schon konnte ich meinen Durst stillen.

Schon bevor ich mich auf den Boden gelegt habe, hatte ich mir genau überlegt, wie ich denn vorzugehen hätte, damit der „Mòscht" nicht schneller aus dem Hahn liefe, als ich zu schlucken imstande sein würde. Gesagt, getan! Mein Vorhaben klappte auf

Anhieb und ich konnte gleich ein paar Schlucke vom bereits vergorenen Saft trinken. Er hatte noch eine angenehme Restsüße, die ich sehr gut herausschmecken konnte.Dummerweise hatte ich das Schließventil, nachdem ich es geöffnet hatte, wieder losgelassen und als ich mich zu verschlucken begann und den Zapfhahn schnell wieder schließen wollte, drehte ich das Ventil, immer noch am Boden liegend, versehentlich in die falsche Richtung. Der Zapfhahn ließ sich nicht schließen und der „Mòscht" floss in einem kräftigen Strahl auf mein Gesicht. Ich erschrak derart, dass ich mich blitzschnell aufrappelte und so schnell wie möglich, ohne mich weiter um das Fass und vor allem seinen Inhalt zu kümmern, aus dem „Käär" rannte. Die Folgen kann sich jeder vorstellen! Das fast volle Fass lief zur Gänze aus und mehr als zweihundert Liter herrlicher „Mòscht" waren unwiederbringlich dahin – sie sind ausgelaufen! Irgendwann im Laufe des Tages ist mir Tättì natürlich auf die Schliche gekommen. Geschimpft hat er mich auch diesmal nicht, aber er meinte dann doch mit einer gewissen Anspannung im Gesicht: „Geall änaraeppas tuascht m'r nùmma!" Sollte heißen: Lass in Zukunft solche Blödheiten!

Tättì war wirklich ein sehr kluger und gütiger Mann, der sich vermutlich sofort darüber im Klaren gewesen ist, dass auch das größte Donnerwetter nichts dazu beigetragen hätte, den ausgelaufenen „Mòscht" wieder ins Fass zurückzubringen. Der war für alle Zeiten perdu!

Auch diese Geschichte ist Teil der Annalen meines Wirkens auf dem Bauernhof und sie ist noch Jahre danach wie so manch andere immer wieder Gesprächsthema gewesen.

Die Sandgrube vulgo „d' Sandgruab".

Tante Lore war, wie gesagt, nur etwa zehn Jahre älter als ich. Man kann es ihr nicht verübeln, dass sie natürlich froh gewesen ist, wenn es an einem heißen Sommertag in der Landwirtschaft nichts Wichtiges zu tun gegeben hat, was selten genug der Fall gewesen ist. Dann kam es schon einmal vor, dass sie mich auf ihrem Fahrrad zur Sandgrube mitgenommen hat. Die Sandgrube – wir sagten „d' Sandgruab" dazu – war ein kleiner Badesee am nicht allzu weit von uns entfernten Rheindamm. Mit dem Fahrrad brauchten wir dorthin höchstens eine Viertelstunde.Die Sandgrube war eine aufgelassene Kies- oder Sandlagerstätte, die schon seit langem nicht mehr betrieben worden ist. Mit den in vielen Jahren am Ufer gewachsenen Büschen und Bäumen war das ein recht idyllisches Plätzchen. Um den kleinen See, der sein Wasser wahrscheinlich dem nahen Rhein verdankte, kursierten auch gruselige Geschichten. So sagte man zum Beispiel, dass man in der Mitte des Sees auf den Grund hinabgezogen werden könne, weil es dort ganz unberechenbare Strömungen gebe. Ich konnte damals schon so gut schwimmen, dass Tante Lore ziemlich beeindruckt gewesen ist. Deshalb hatte ich als beinahe mit Schwimmhäuten zwischen den Zehen aufgewachsene Wasserratte überhaupt nie Angst. Tante Lore war jedenfalls froh, sich um mich nicht sorgen zu müssen.

Gott sei Dank war Tante Lore nie nachtragend. Sie hat mir immer wieder manche Dummheit und oft sogar die eine oder andere Frechheit nachgesehen und so hat sie mich dann doch einige Male auf ihrem Fahrrad zum Baden „i d' Sandgruab" mitgenommen.

Übrigens soll Tante Lore, das weiß ich von meiner Mutter, die ihre jüngste Schwester über alles geliebt hat, kein Wunschkind gewesen sein, sondern eine eher unangenehme, weil nicht eingeplante Überraschung. Da sie, so wie meine Mutter auch, an einem Septembertag das Licht der Welt erblickt hatte, kann man sich gut vorstellen, dass ein erheblicher Teil der schon bisher immer knappen und frei verfügbaren Arbeitskapazität Großmammas nicht mehr frei verfügbar gewesen ist. Auf Tättì ist also schon vor der Geburt der kleinen Hannelore und erst recht nach der Niederkunft Großmammas deutlich mehr Arbeit zugekommen, weil ihre Schaffenskraft – das kann man sich ja denken – anderweitig benötigt wurde. Tättì soll deshalb, auch das hat mir meine Mutter einmal erzählt, gleich nachdem er sich vom ersten Schock erholt hatte, gemeint haben, ein gesundes Kuhkalb wäre ihm zu diesem Zeitpunkt lieber gewesen wäre, sogar gegen ein Stierkalb hätte er nichts einzuwenden gehabt, sofern es nur gesund auf die Welt gekommen wäre! Typisch Tättì!

Und trotzdem konnte er Jahrzehnte später von Glück sagen, dass ausgerechnet seine jüngste Tochter Lore, so lange die Großeltern gelebt haben, sich ganz besonders um die beiden gekümmert hat und den größten Teil ihres Lebens mit ihnen zusammen unter einem Dach gelebt hat. Soweit ich mitbekommen habe, war er sich dessen auch bewusst und hat sich auf die ihm eigene Art in angemessener Weise dafür bedankt.

Großmammas Küche

Nach dem Ausflug „i d'Sandgruab" und der Tragödie im „Mòschtkär" geht es nun wieder einen Stock höher ins erste Obergeschoss. Von der Diele aus gelangte man, wie wir bereits wissen, in die Küche und durch die Türe daneben, gegenüber dem Plumpsklo und rechts von der Küche, ins Wohnzimmer, also „i d' Schtuba". Die Küche hatte weiß getünchte Wände und war sehr einfach eingerichtet. Linker Hand, gleich nachdem man sie betreten hatte, ist ein wahrscheinlich schon vor Jahrzehnten mit eierschalenfarbenem Lack gestrichener Küchenkasten gestanden. Sein Alter konnte man ihm auch deutlich ansehen. Gegenüber, also rechts neben der Küchentüre, hatte ein schmaler hoher Kasten in der gleichen Farbe seinen Platz, der vermutlich auch gleich alt gewesen ist. In diesem Kasten bewahrte Großmamma die täglich eingesammelten Hühnereier auf und Tättì hatte dort drin seinen Obstler mit dem Schnapsglas stehen. Jeden Morgen vor dem Frühstück, nachdem er sich im Stall unten am Wasserhahn gewaschen und die morgendliche Stallarbeit getan hatte, kam er in die Küche herauf und öffnete als erstes den Kasten. Dann schenkte er sich ein Gläschen Schnaps ein und trank es auf nüchternen Magen in einem Zug aus. Man konnte ihm ansehen, dass er das als medizinische Indikation betrachtet hat. Vor diesem Kasten sind auf dem Boden immer zwei blecherne Fressnäpfe gestanden, einer für die Katzen und einer für Ponso, unseren Hund. Die Katzen waren leider immer benachteiligt, weil sie das Futter von Ponso verschmäht haben. Ponso hingegen war ein Allesfresser und machte auch vor dem Teller der Katzen nicht halt, sobald etwas drin gewesen ist, was ihm geschmeckt hat.

Übrigens, Tättìs frühmorgendliche Körperpflege im Stall hatte neben der Hygiene vor allem zwei Gründe: Im Stall war es im Winter immer herrlich warm und im Sommer, wenn es richtig heiß gewesen ist, machte er einfach beide Stalltüren auf und ließ die frische Luft durchziehen – und zweitens war er in aller Herrgottsfrüh stets ungestört. Zudem war das der einzige Ort im Haus, wo es fließendes Wasser gegeben hat, wenn auch nur eiskaltes. Das schien Tättì aber nichts auszumachen und er gönnte sich ja anschließend in der Küche zum Aufwärmen immer ein Gläschen Schnaps.Manchmal konnte ich Tättì zuschauen, wie er aus dem Kasten so ganz nebenbei ein Hühnerei herausgenommen hat. Damit ging er an den Herd und schlug es am oberen und unteren Ende ein klein wenig auf, um es anschließend auszutrinken. Das machte er immer an ganz einer bestimmten, für sein Vorhaben geeigneten Stelle auf dem Herd. Diese Stelle war für ihn deshalb wichtig, weil er zum Aufschlagen des Hühnereis nur die linke Hand nutzen konnte. Er konnte nicht so wie wir mit einer Gabel oder einem Nagel versuchen, zwei Löcher in das Ei zu stechen. Seine Methode, einem Ei auf diese Weise zu Leibe zu rücken und es danach auszutrinken, habe ich natürlich auch probiert. Nach mehreren vergeblichen Versuchen habe ich dann aber die Hühnereier doch lieber als Rühreier, Spiegeleier, sprich „Schtierooga", oder Ostereier verdrückt. Das Austrinken war gar nicht so einfach und hatte seine Tücken, weil das Eiklar ziemlich dickflüssig ist und sich nicht so ohne weiteres aussaugen lässt, wenn die aufgeschlagenen Öffnungen am oberen und unteren Ende des Hühnereis etwas zu klein geraten sind. Jeder Versuch, die zu kleinen Löcher etwas zu vergrößern, damit sich das Ei leichter aussaugen lassen hätte und mehr Luft ansaugen hätte können, endete meistens in einer gröberen Sauerei, weil das solchermaßen bereits ramponierte Ei durch meine Nachbearbeitung oft zerbrochen und ausgelaufen ist. Auf den in der Küche an der linken Wand stehenden Küchenkasten folgte mit einem kleinen Abstand die Eckbank mit dem Küchentisch. Über dem Küchentisch, links vom Küchenfenster, war an der Wand irgendwann eine Konsole befestigt worden, auf der das Radio stand. Im Radio lief immer der Sender „Radio Vorarlberg". Etwas

anderes ist nie gehört worden und dieser Sender war
während des Mittagessens immer eingeschaltet, um
die aktuellen Nachrichten hören zu können. Dasselbe
geschah dann noch einmal am Abend aus dem gleichen Grund. Es hätte ja seit Mittag etwas Wissens-
wertes geschehen sein können. Tättìs Platz war genau
unter diesem Radio und um es ein- oder auszuschal-
ten, musste er nicht aufstehen, sondern nur seine
Hand ausstrecken. Ponso, unser Hund, hatte seinen
Platz ebenfalls an dieser Stelle, aber ein Stockwerk
tiefer unterm Küchentisch.Zur Linken von Tättì befand sich das Küchenfenster, an dessen Scheiben sich
im Winter – wie in unserer Schlafkammer auch – oft
wunderschöne Eisblumen gebildet haben. Durch das
Küchenfenster konnte man in den „Hännagarta" hi-
nuntersehen. Gleich rechts vom Küchenfenster hatte
Großmamma ein kleines niedriges Tischchen hinge-
stellt, auf dem die beiden Wassereimer standen, mit
denen man täglich in den Stall hinuntergehen musste,
um frisches Wasser zu holen. Unter dem Tischchen
war meistens ein wenig Feuerholz gestapelt. Ein paar
getrocknete und von den Körnern befreite Maiskolben lagen auch immer daneben . Die brauchte
Großmamma zum Anheizen. Sie haben leicht Feuer
gefangen und gut gebrannt. Wie sie zu diesen Maiskolben gekommen ist, erzähle ich später.Über diesem
Tischen, fast schon über dem Wasserschiff des
Herdes, hing immer ein Fliegenfänger von der Decke

herunter. Der Fliegenfänger war eine ganz hinterlistige Einrichtung. Man konnte mit ihm nämlich Stubenfliegen anlocken, die daran klebengeblieben sind und – vom oft minutenlangen Zappeln irgendwann müde geworden – schicksalergeben ihrem qualvollen Ende entgegengesehen haben.Ein solcher Fliegenfänger war etwa einen halben Meter lang und musste mit Hilfe einer Reißzwecke, die mit einer Schnur verbunden war, an der Zimmerdecke festgemacht werden. Nachdem Großmamma den Fliegenfänger über den beiden Wassereimern an der Decke festgeklemmt hatte, zog sie ihn mit einer leichten Drehbewegung ganz behutsam aus dem kleinen hellgrünen Pappröhrchen, in dem er gesteckt hatte, nach unten. Nun hing dieses Mordwerkzeug von der Decke herab und harrte der Dinge, die da hoffentlich kommen würden.Das Teuflische an diesen Fliegenfallen war, dass auf dem etwa drei Zentimeter breiten Streifen ein mit Lockstoffen versehener, sehr klebriger Fliegenleim aufgebracht war, auf dem die Fliegen, angezogen vom für ihre Nasen wohl verführerischen Duft dieses Lockstoffes, nach der Landung kleben blieben und jämmerlich zugrunde gegangen sind. Da es auf einem Bauernhof natürlich immer unzählige Fliegen gibt, war es auch bei uns so, dass sie sich zu Dutzenden eingefunden haben. Ich habe oft beobachtet, dass sich die eine oder andere ganz nebenbei und kurz vor der Landung auf dem Fliegenfänger noch eine kleine

Wegzehrung vom Küchentisch geholt hat. So quasi als Henkersmahlzeit!

Der wohl wichtigste Einrichtungsgegenstand in Großmammas Küche stand neben dem Tischchen mit den beiden Wassereimern: der alte Herd mit den grün lackierten Seiten. Dieser Herd hatte in die Kochplatte eingelassene Ringe. Sie ließen sich mit dem Schürhaken herausnehmen, wenn man eine Pfanne über dem offenen Feuer erhitzen wollte. Genau unter diesen Ringen war die Feuerstelle. Man konnte sie durch das Ofentürchen mit Holz beschicken. Zwischen dem Ofentürchen und dem Wasserschiff befand sich das Backrohr.Dieses Wasserschiff war ein rechteckiger etwa vierzig Zentimeter tiefer Wasserbehälter, der in den Herd eingelassen war und der das ganze Jahr über heißes Wasser geliefert hat, wann immer es gebraucht wurde. Verschlossen war es mit einem Deckel aus Kupferblech, der an seinem Messingknauf heruntergenommen werden konnte. Dieser Knauf war immer so heiß, dass ich mir die Finger verbrannt habe, wenn ich meinte, habe ihn mit bloßen Händen anfassen zu können. Im „Schiff" – so wurde dieser beheizbare Behälter von Großmamma genannt – hatte etwa ein großer Eimer Wasser Platz. Das heiße Wasser benötigte Großmamma zum Geschirrabwaschen. Wenn der Kaminkehrer den Herd und das Ofenrohr zu reinigen hatte, nahm er auch das Wasserschiff heraus. Dann konnte man sehen, dass es rundherum voller Ruß gewesen ist. An der um den Herd laufenden Messingstange hing immer eine Schöpfkelle, mit der man aus den beiden neben dem Herd stehenden Eimern schöpfen und auch aus dem Schiff Wasser entnehmen konnte. Mindestens ein oder zwei rot oder blau karierte Geschirrtücher aus Baumwolle hingen ebenfalls an dieser Stange. Groß-mamma hat das Mehl nur in Fünfkilosäcken gekauft. Diese Säcke waren aus buntem Baumwollstoff genäht. Sobald das Mehl verbraucht war und wieder einmal ein Sack leer geworden ist, hat sie diesen fein säuber-lich aufgetrennt und ein schönes Geschirrtuch daraus gemacht. Von diesen Tüchern hatte sie immer einen ganzen Stapel im Küchenkasten – in ihrem „Kùhì-kaschta" –, wie sie dieses Möbel genannt hat.

Rechts vom Herd gelangte man durch eine Tür ins Schlafzimmer – für uns „s'Gaada". Über dem Tür-stock „ìs Gaada" verlief das Ofenrohr des Herdes, durch welches der Rauch mittels eines Knies direkt in den Kamin an der Wand geführt worden ist. Dieser Kamin diente gleichzeitig auch als Rauchabzug für den grünen Kachelofen, der im dahinterliegenden Wohnzimmer – also „ì d'r Schtùba" – stand.

Vor allem im Winter war diese Anordnung sehr praktisch, weil neben dem Herd auch das heiße Ofen-rohr und der Kamin Wärme abgegeben haben. Wenn die Großeltern vor dem Zubettgehen die Küchentü-re offenstehen ließen, ist es sogar im Schlafzimmer ein bisschen warm geworden.Im Sommer hätte man auf diesen Komfort gerne verzichtet, aber zum Kochen musste jeden Tag Feuer gemacht werden und es dauerte noch eine ganze Weile, bis sich Tante Lore schließlich doch durchsetzen konnte und einen Elektroherd anschaffen durfte. Ich habe Großmamma auf diesem Herd nie kochen sehen. Für den neuen Herd fand sich gerade noch ein Platz zwischen der Tür „ìs Gaada" und dem schon erwähnten Kasten mit dem Schnaps und den Hühnereiern. Ich glaube mich daran erinnern zu können, dass Tante Lore zur Einweihung dieses modernen Kochgerätes gleich einen Kuchen gebacken hat. Vielleicht war's auch ein Zopf.

„D' Schtùba", unser Wohnzimmer

Zum Wohnzimmer, das sich genau über der Mühle befunden hat, sagte man wie schon erwähnt „Schtùba". Man konnte sie – wie wir bereits wissen – sowohl vom Schlafzimmer der Großeltern aus als auch von der Diele aus betreten. Von der Diele aus gelangte man ja auch in die Küche. Hatte man „d' Schtuba" betreten sah man in der Ecke, eingebaut in die Wand zum Schlafzimmer, den alten Kachelofen mit den grünen Kacheln. Der Kachelofen hatte eine Klappe, durch die warme Luft „ìs Gaada" gelangen konnte, wenn man sie vom Schlafzimmer aus geöffnet hat. Neben der Türe rechts stand der große Wohnzimmerschrank, der „Schtùbakaschta" , auf dem stets das Etui mit Tättìs Rasiermesser lag.Ich bin meiner Tante Lore heute noch dankbar, dass sie nach Großmammas Ableben dafür gesorgt hat, dass ich diesen ganz einfachen Kasten aus Fichtenholz bekommen habe. Er steht immer noch bei mir im Wohnzimmer. Was dieser Kasten wohl alles zu erzählen hätte, würde er denn aus dem Nähkästchen zu plaudern beginnen! Meine Mutter wusste jedenfalls, dass ihn Großmamma 1914 als Hochzeitsgeschenk von einer ihrer Tanten bekommen haben soll. Der Kasten war damals angeblich schon etwa zwanzig Jahre alt gewesen!

Zur Straßenseite hin gab es zwei Fenster. Dazwischen hing eine Uhr an der Wand. Unter dem einen Fenster stand ein Gestell mit einer Singer-Nähmaschine, unter dem anderen eine Kommode. Gegenüber der Uhr, auf der anderen Seite des Wohnzimmers, konnte man am Wohnzimmertisch vorbei ins Schlafzimmer der Großeltern gelangen. Rechts von der Schlafzimmertüre stand ein altes, mit bordeauxrotem Samt bezogenes Kanapee an der Wand, das eher zum Anschauen als zum Sitzen getaugt hat. Über dem Kanapee hing ein großes Bild mit einem breiten, goldfarbenen Rahmen. Ich weiß nicht mehr, was auf dem Bild dargestellt war, aber ich fand es sehr schön.Dort wo der Kachelofenstand, waren die Wände weiß getüncht. Alle anderen waren mit Holz getäfelt. Die Zimmerdecke war ebenfalls aus einfachen Kassetten mit heimischem Fichtenholz gemacht. Der Boden bestand aus hölzernen Riemen und wurde von Zeit zu Zeit mit Bohnerwachs, so wie die Stiegentritte auch, eingelassen. Zwischen den im Lauf der Jahre schmaler gewordenen Holzriemen hatten sich zum Teil etwa drei Millimeter breite Spalten gebildet. Immer wenn ich die „Schtùba" betrat, spürte ich die vertraute und wohltuende Atmosphäre.Leider hat Tante Lore, unterstützt und vielleicht sogar angestiftet von meiner Mutter, meinen Vater irgendwann dazu überreden können, die ganze Täferung mit einem eierschalenfarbenen Holzlack zu übermalen. Meine Proteste blieben unerhört. Tante Lores Argumente, die solcherart veränderten Wände und die Zimmerdecke ließen sich leichter von den unzähligen Fliegenschissen reinigen, waren stärker.Als passionierter Hobbymaler und Anstreicher ließ sich Vater nicht lange bitten. Schon bei seinem nächsten Besuch machte er sich, mit Eimer, Pinsel und Farbe bewaffnet, und ohne sich lange aufzuhalten, ans Werk. So ist es diesen Akteuren gelungen, alles, was „d' Schtùba" seit über hundert Jahren ausgemacht hatte, innerhalb zweier Tage mit wenigen Pinselstrichen für alle Zeiten zu vernichten!Besinnen wir uns lieber wieder auf die vormoderne Zeit. Ist man um den Tisch im Wohnzimmer herumgegangen und hat man aus den beiden Fenstern geschaut, konnte man in Großmammas Garten sehen. Den Garten hatte sie zwischen der alten Dorfstraße und dem „Hännagarta" angelegt. Er war recht groß und reichte bis zur Hauswand heran. Vom Garten aus konnte man auch durch die fast blinden kleinen Sprossenfenster in unsere Mühle hineinsehen.

An dieser Wand ist auch ein uralter Weinstock gewachsen. Sobald die kleinen süßen Trauben mit dem eigenartigen, schwer zu beschreibenden Geschmack reif gewesen sind, konnten wir sie sogar vom Wohnzimmer aus ernten. Wir mussten uns nur aus einem der beiden Fenster lehnen und schon waren sie mit unseren Händen erreichbar.Besonders schön fand ich immer, wenn am Abend die Sonne noch ins Wohnzimmer geschienen hat. Auch von der Diele aus hat man vom Sonnenuntergang etwas mitbekommen. Man musste sich nur ein wenig aus dem Fenster lehnen.

Zurück im Stall

Nach diesem Rundgang wird es höchste Zeit, dass wir uns wieder auf den Weg die Stiege hinunter in den Stall machen. Wir sind, glaube ich, vor der Erkundung der Räumlichkeiten im Obergeschoss bei der Rinne im Stallboden, dem so genannten „Schòargraaba", stehen geblieben.damit dieses altbewährte und sehr einfache Abwassersystem immer gut funktionierte, mussten aus dieser Rinne die nicht flüssigen Bestandteile, sprich der Mist, regelmäßig entfernt werden. Diese Arbeit war jeden Tag aufs Neue und von Hand zu tun. Mit einem eigens dafür vorgesehenen Werkzeug, nämlich der „Furka", das ist die Mistgabel, wurde das Abfallprodukt von Kühen und Pferd aus der Rinne gehoben und auf dem an den Stall angrenzenden Misthaufen hinterm Haus gesammelt. Das war keine leichte Arbeit, weil dieses Naturprodukt im frischen und noch feuchten Zustand ziemlich schwer ist, und wenn man sich ungeschickt angestellt hat, ist es einem beim Hinaustragen immer wieder, anstatt auf dem Misthaufen zu landen, von den Zinken der Gabel hinunter auf den Stallboden gefallen.Dieser Mist musste von Zeit zu Zeit und damit er so wenig

Schaden wie möglich anrichten konnte, zum richtigen Zeitpunkt auf die Wiesen und Felder ausgebracht werden. Es war also wichtig vor dem Ausbringen auf die Felder die zu erwartenden Wetterverhältnisse so wie schon beim Ausbringen der Jauche zu beobachten.

Bei dieser Gelegenheit fällt mit ein, dass ich während meiner Kindheit auf Tättìs Feldern eigentlich nie einen Storch und auch nicht gerade oft einen Bussard gesehen habe. Das ist heute erfreulicherweise ganz anders geworden. Die Bussarde scheinen wieder mehr Nahrung zu finden und auch Adebar, der Storch, scheint mehr Zeit als früher zu haben. Man kann ihn wieder auf den nicht mehr so intensiv bewirtschafteten Wiesen und Feldern herumstolzieren sehen und ihm dabei zuschauen, wie er Würmer, Frösche und anderes Getier einsammelt. Vielleicht hat er ja auf Grund der immer weiter sinkenden Geburtenraten nicht mehr so häufig wie früher mit dem Zustellen von Babys zu tun.

Da wir schon beim Thema Sauberkeit und Stallreinigung sind, ist es mir ein Anliegen, zu bemerken, dass Kühe, offenbar ohne sich davor zu ekeln oder sich gar darüber zu ärgern, mit ihrem Hinterteil manchmal in ihren ganz persönlichen Exkrementen liegen. Das führt häufig dazu, dass diese auf dem warmen Fell der Tiere trocknen und in den dort befindlichen Haaren kleben bleiben.Da der Sinn einer Kuh in aller Regel darin gesehen wird, sich von ihrer Milch zu trennen, damit diese von uns gewonnen und weiter verarbeitet werden kann, ist klar, dass es ohne ein Mindestmaß an Hygiene nicht geht. Um in einem ersten Schritt den gröbsten Dreck in den Griff zu bekommen, bediente man sich deshalb eines Striegels. Ein Striegel ist ein kammartiges Gerät mit einem Griff aus Holz, das aus miteinander vernieteten schmalen Blechstreifen besteht. Man zieht ihn, möglichst ohne die Kuh zu verärgern, über ihr Fell, um es von den gröbsten Kotresten zu befreien. Je sorgfältiger und gründlicher das gemacht wird, desto eher steigen die Chancen auf saubere Rohmilch.Diese Arbeit erfordert viel Gefühl, weil Kühe ganz sensible Lebewesen sind und vor allem an den Kniegelenken der Hinterbeine empfindlich auf den Striegel reagieren. Das erst recht, wenn das Tier damit grob behandelt wird. An diesen Körperstellen gibt es nämlich nicht viel außer Haut, Sehnen und Knochen und außerdem befindet sich ganz in der Nähe das Euter der Kuh als Quelle der bäuerlichen Begierde. Genau links und rechts davon, nämlich an den Hinterbeinen, befindet sich aber der meiste Dreck und der eingetrocknete Kuhmist lässt sich nicht immer leicht entfernen.Vergleichen lässt sich das Striegeln am besten damit vergleichen, wenn jemand beim Streichen der Zimmerdecke mit Dispersionsfarbe und Pinsel vergessen hat, sich vor Beginn der Malerarbeiten eine Mütze aufzusetzen.

Dann kann es schon einmal vorkommen, dass dem Maler die Dispersionsfarbe tröpfchenweise und unbemerkt in die Haare gerät. Trocknet die Farbe dann ein und meint man etwa, diesen eingetrockneten Tröpfchen mit dem Kamm zu Leibe rücken zu können, hat man eine Vorstellung davon, wie sich eine Kuh fühlen muss, wenn sie gestriegelt wird.

Rohmilch zur Gesichtspflege

Immer wenn Onkel Arnold gekommen ist, haben wir Buben uns ganz besonders gefreut. Vor allem dann, wenn er uns zum Melken mit in den Stall genommen hat. Wir wussten natürlich sofort, was er mit uns vorhatte. Sobald er auf seinem Melkschemel Platz genommen hatte, begann er gleich damit, das Euter der Kuh ein wenig zu massieren, dazu hat er „hansla" gesagt – eine eigenartige Bezeichnung – und sobald er an den Zitzen der Kuh ein wenig Milch gespürt hatte, wusste er gleich, dass die Kuh bereit war, gemolken zu werden.Wenn es so weit war, forderte er uns auf, mit etwa einem oder zwei Schritten Abstand hinter der Kuh und so nah wie möglich beieinanderstehend, Aufstellung zu nehmen. Nachdem wir unsere Positionen eingenommen hatten und er ein paar kräftige Strahlen Milch aus dem Euter in den Eimer zwischen seinen Knien gelenkt hatte, nahm er unsere Köpfe ins Visier. Nun versuchte er, abwechselnd und mit großem Geschick einmal mir und dann wieder meinem Bruder Milch direkt aus dem Euter der Kuh in den Mund zu spritzen. Wie haben wir gelacht, wenn er uns vollgespritzt hat! War dann gerade eine Katze im

Stall, nahmen wir sie auf den Arm und sie durfte die Milch direkt von unseren Gesichtern lecken.Sobald der erste Eimer Milch voll war, stellte er ihn auf den Gang des Stalles und schon waren die Katzen wieder zur Stelle. Sie hielten sich mit den Pfötchen am Rand des Eimers fest und steckten die Köpfe hinein. Dann tranken sie, bis sie genug hatten. Manchmal, wenn sie nicht gleich an die Milch gelangt sind, weil der Eimer nicht voll genug gewesen ist, sind sie auf den Rand des Eimers gesprungen und haben sich soweit hinuntergebeugt, dass wir befürchteten, sie gleich hineinfallen zu sehen. Auch uns hat die frische, warme Rohmilch herrlich geschmeckt.Sobald wir und die beiden Katzen genug hatten, hat Großmamma die Milch durch ein Tuch aus feiner Gaze in einen anderen, frischen Eimer geleert und auf diese Weise grob gefiltert. So war die Milch zumindest von allen sichtbaren Unreinheiten befreit. Dann nahm Großmamma ihr Messgefäß, das einen langen metallenen Stiel mit einem Henkel gehabt hat, tauchte es in den Eimer mit der Milch und füllte nacheinander die bereitgestellten Milchkannen ihrer Kunden. Die vollen Kannen stellte sie zur Abholung auf die kleine Kommode im Stiegenhaus links von der Stalltüre, auf der sich auch ihre kleine Pappschachtel-Kasse befunden hat.

Butter und „suurì Mìlk"

Wenn es genug Milch gegeben hat, goss Großmamma sie in eine Zentrifuge, schöpfte mit Hilfe dieses Geräts den Rahm ab und sammelte diesen in unserem hölzernen Butterfass. Die beim Abrahmen der Milch entstandene Magermilch trank sie selber oder teilte sie mit unserem Hausschwein, das sich immer sehr über diese Gabe gefreut hat. Das Butterfass hatte einen abnehmbaren Deckel und außen eine Kurbel. Mit dieser Kurbel konnte man die hölzerne Achse im Inneren drehen, in die zwei Lamellen aus Holz eingelassen waren, mit denen der gesammelte Rahm so lange gerührt und geschlagen werden musste, bis sich Butterflocken zu bilden begannen. Das war eine etwas mühsame, aber sehr schöne Arbeit, die ich immer gerne gemacht habe. Am Anfang hörte man beim Kurbeln nur ein klatschendes Geräusch, wenn der Rahm von den Lamellen im Fass gerührt worden ist. Dieser Ton veränderte sich, sobald die ersten Butterklümpchen entstanden, das konnte man gut hören. Aus dem Klatschen wurde irgendwann ein immer deutlicheres Plumpsen. Beim Kurbeln konnte man gut spüren, dass sich die so gewonnene Masse im

Butterfass nicht mehr so leicht bewegen ließ. Wenn es so weit war, kam Großmamma, machte den Deckel des Butterfasses auf und holte die frisch gewonnenen Butterstücke aus dem Fass. Nachdem sie alles herausgenommen hatte, drückte sie die Buttermasse auf einem bereitgestellten Brett zu einem großen Knollen zusammen und presste das restliche Wasser, so gut es ging, heraus. Dann drückte sie den ganzen Knollen in einen mittelgroßen Topf aus Steingut und bewahrte diesen an einem kühlen Ort in der Diele auf. Ich konnte es kaum erwarten, bis sie mich die frische Butter, auf eine Scheibe Brot gestrichen, probieren ließ. Dieser Geschmack lässt sich kaum beschreiben!

Ganz besonderes gut geschmeckt hat mir auch, wenn Großmamma „suurì Mìlk", also saure Milch gemacht hat. Eine Spezialität, von der schon der alte Goethe geschwärmt haben soll! Saure Milch gab es bei uns immer in den Sommerferien, wenn es draußen recht warm gewesen ist. Außer Großmamma und mir mochte das sonst niemand im Haus. Alle übrigen Familienmitglieder haben sich gleich mit Grauen abgewendet, wenn sie uns beim Genießen überrascht haben. Das habe ich überhaupt nicht verstanden. Es war mir auch egal, mir hat es auf jeden Fall immer geschmeckt. Um saure Milch zu bekommen, nahm Großmamma für uns beide je einen Suppenteller, füllte diesen fast bis an den Rand mit frisch gemolkener Rohmilch und stellte die Teller auf die Kommode in der Diele. Nach ein paar Stunden hatte sich der Rahm an der Oberfläche der Milch gesammelt und diese mit einer gelblichweißen Schicht überzogen. Darunter hatte sich die Milch in den Bruch und die saure Molke verwandelt.In dieses Gericht mit einem Löffel hineinzustechen und den feinen Geschmack des süßsauren Rahms, zusammen mit dem sauer schmeckenden Milchbruch auf der Zunge zu spüren, war für uns beide ein Hochgenuss. Zum Schluss konnten wir dann sogar noch die Molke auslöffeln. Selber schuld, wer meinte, darauf verzichten zu können!

Großmamma und das Federvieh

Ich habe schon an anderer Stelle erzählt, dass man vom Plumpsklo aus direkt auf den Heuboden gelangte. Unweit von diesem Zugang an einem ganz bestimmten Platz auf dem Heuboden stellte Großmamma von Zeit zu Zeit einen Verschlag auf, der ungefähr einen halben Meter hoch und unten offenen gewesen ist. Die Holzkonstruktion bestand aus fünf Teilen und maß vielleicht eineinhalb Meter im Quadrat. Alle Teile waren mit Maschendraht bespannt. Großmamma konnte dieses Gestell ohne fremde Hilfe leicht auseinanderbauen und wieder zusammenstellen. In diesem Verschlag zog sie ihre Küken auf. Die Kleinen konnten darin, bewacht von der Glucke und geschützt durch den Maschendraht, in aller Ruhe bis zur Pubertät aufwachsen. Sie mussten keine Angst davor haben, von einer der herumstreunenden Katzen schon in frühester Kindheit als kleiner Leckerbissen verspeist zu werden. Auf dem Bauernhof hat es zwar genug Mäuse gegeben, ein Küken hätte aber doch etwas Abwechslung in ihren Speiseplan gebracht.Dem Federvieh und ihren Küken hat Großmamma immer viel Aufmerksamkeit geschenkt, weil das für sie sehr wichtig gewesen ist. Erstens dauerte es gar nicht besonders lange, bis die Küken alt genug waren, um mit dem Legen der begehrten Eier anzufangen, von denen sie auch immer welche verkaufen konnte, und zweitens hatte sie auch nichts dagegen, wenn sie aus einem toten Huhn einen leckeren Braten oder eine kräftige Hühnersuppe machen konnte. Deshalb fütterte sie die kleinen Tierchen auch jeden Tag mit frischen, jungen Brennnesseln, die sie ihnen, fein gehackt und mit gekochten und ebenfalls kleingehackten Eiern vermischt, verabreicht hat. Über dieses Menü streute sie dann zur Abrundung noch eine Handvoll Haferflocken. Sobald Großmamma mit dem vollen Teller in der Hand auftauchte, rannten die kleinen, gelben Federbällchen schon daher und sobald sie ihr Futter in den Verschlag gestellt bekommen hatten, drängten sie sich um den Teller und begannen, begeistert zu picken. Ich konnte sie oft in den höchsten Tönen piepsen hören. Oft lag dann eine unserer Katzen auf einem hölzernen Träger an der Tennenwand und schaute gelangweilt zu.

Ein paar Fragen habe ich mir allerdings in diesem Zusammenhang schon als Kind gestellt: Großmamma hatte für ihre Hühner irgendwann zwei schöne Hähne besorgt. Der weiße war, abgesehen von seinem roten Kamm, dem gelben Schnabel und seinen grauschwarzen, gesprenkelten Schwanzfedern, ein eher unauffälliger Vogel. Und dann gab es noch einen wunderschönen Rhodeländer-Hahn, der, anders als sein Konkurrent, einen überaus ausdrucksvollen Kopf, rotbraunes, glänzendes Gefieder und ein imposantes Hinterteil mit langen, schwarzen Schwanzfedern hatte, die grün geschimmert haben. Jeder der beiden hatte seine Damenmannschaft mit einem guten Dutzend Hühner zu beaufsichtigen. Die Damen schienen die Hähne aber so wenig in Anspruch zu nehmen, dass die beiden außer geschäftig herumzustolzieren – so schien es mir wenigstens – nichts weiter zu tun hatten. Ab und zu konnte ich beobachten, wie sich der eine oder andere Hahn wie ein Wachmann gemessenen Schrittes, alles in seinem Harem auf das Genaueste beobachtend, einer seiner Hennen näherte, um sich gleich darauf auf sie zu stürzen und sich ganz ungeniert ein paar Schritte von ihr tragen zu lassen. Die armen Hennen taten mir immer leid, wenn ich zusehen musste, wie sie von den beiden großen, kräftigen Hähnen ohne erkennbaren Grund so grob behandelt worden sind. Die solcherart Auserwählte versuchte dann anschließend, recht zerzaust und zerknirscht, ihr Federkleid wieder irgendwie in Ordnung zu bringen.

Trotzdem muss es mit diesem Vorgang eine gewisse Bewandtnis gehabt haben, weil Großmamma mir von Zeit zu Zeit gesagt hat, dass es wieder einmal so weit sei. Sie meinte dann, sie müsse den Verschlag auf dem Heuboden aufstellen, weil bald neue Küken zu erwarten seien. Mir ist deshalb schon recht früh klar geworden, dass es zwischen der von den Hähnen bevorzugten Methode, sich über kurze Strecken von einer ihrer Hennen tragen zu lassen, und den bald darauf von irgendeinem Huhn gelegten Eiern, die nicht zum Essen bestimmt waren, einen Zusammenhang geben müsse. Wie allerdings Großmamma so genau wissen konnte, welche der vielen Eier nicht zum Essen bestimmt waren, ist mir immer noch schleierhaft.

Noch etwas verstehe ich bis heute nicht: Wie kann man nur den Begriff „Streithähne" mit dem Federvieh in Zusammenhang bringen! Unsere beiden Hähne waren, obwohl sie nie ein Ei gelegt, also nie richtig gearbeitet haben, so mit ihren Hühnern beschäftigt, dass sie gar nicht zum Streiten gekommen sind. Sie hatten offensichtlich alle Krallen voll damit zu tun, ihre Damenmannschaft zu sekkieren oder bei Laune zu halten.

Der Hühnermord

Jetzt ist es auch Zeit, von meinem ersten Mord an einem Huhn zu berichten. Großmamma plante an einem Wochenende, aus zwei Hühnern einen Braten zuzubereiten, weil sich meine Eltern angekündigt hatten und sie deshalb mehr als üblich zu kochen gezwungen war. Also zeigte sie mir unter anderem, wie man einem Huhn mit dem Beil den Kopf abschlägt, ohne dass es allzu sehr darunter zu leiden hat. Sobald klar war, welche zwei Hühner dran glauben mussten, mischte sie sich unter die nichts ahnende Hühnerschar und nahm den ersten Todeskandidaten auf. Dann kam sie zurück in den Schuppen, drückte das Huhn mit viel Gefühl an die Schürze über ihrem Bauch und strich ihm über die Federn. Dem in Lebensgefahr schwebenden Hühnervogel schien überhaupt nicht bewusst zu sein, in Kürze umgebracht zu werden. Das Huhn schien gar keine Angst zu haben und wehrte sich auch nicht. Im Gegenteil, es war ganz ruhig und meinte wahrscheinlich – im wahrsten Sinne des Wortes – bei Großmamma in den besten Händen zu sein!Zum Zweck der gründlichen Einschulung und um mich auf die bevorstehende

Hinrichtung vorzubereiten, sagte Großmamma zu mir, was nun käme, sei schlicht und einfach deshalb notwendig, weil ein Huhn nur in totem Zustand zum Essen geeignet sei, und schließlich müsse irgendjemand auch dazu bereit sein, es umzubringen. Dann ging sie mit dem Huhn zum Hackstock, der schon immer in unserem, zum Hühnergarten hin offenen Schuppen gestanden ist und auf dem wir normalerweise Brennholz gehackt haben. Dieser Schuppen diente Großmamma auch als Waschküche. Dann nahm sie das Beil von der Wand, das von zwei eingerammten Nägeln gehalten wurde, und legte das Huhn mit dem Kopf voraus auf den kurzerhand zum Schafott umfunktionierten Hackstock.Bis hierhin hatte das Huhn nur interessiert zugeschaut und sich ganz ruhig verhalten. Damit war es von einer Sekunde auf die andere vorbei, als Großmamma den Hühnervogel gezwungen hat, eine für seine Hinrichtung leider Gottes unvermeidbare, für ein Huhn jedoch recht untypische Haltung, einzunehmen. Der Vogel begann gleich, furchtbar laut zu kreischen und sich vehement aber vergeblich zu wehren, und ehe er sich versah, hatte er keinen Kopf mehr. Den hatte Großmamma durch einen einzigen Hieb mit dem Beil vom Rest des Huhns getrennt.Als wenn sie von Anfang an alles beobachtet hätte, was selbstverständlich auch der Fall gewesen ist, sauste eine unserer beiden Katzen, ich glaube, dass es Max war , der graue Tigerkater mit den weißen Pfoten und der weißen Schwanzspitze, wie ein abgeschossener Pfeil herbei, schnappte sich den Kopf des Huhns und weg war er!

Nun war ich an der Reihe. Um nicht allzu viel Unruhe in die Hühnerschar zu bringen, meinte Großmamma, ich solle im Schuppen warten, und holte das nächste Huhn selbst aus dem friedlich pickenden Kreis seiner Artgenossen. Auch diesmal schien sich das Huhn über die ihm zuteilwerdende Aufmerksamkeit eher zu freuen, als dass es Angst gezeigt hätte. So schien es mir wenigstens. Großmamma machte aber nicht viel Federlesens, kam zurück in den Schuppen, drückte mir den armen Vogel in die Hand und sagte nur: „Iatz bìscht dù dra." Damit meinte sie unmissverständlich, dass nun ich an der Reihe sei, dem Huhn den Garaus zu machen. Ich hatte bei der vorangegangenen Hinrichtung wirklich sehr aufmerksam zugesehen und genau beobachtet, wie Großmamma beim ersten Delinquenten vorgegangen war. Aber sobald ich das zweite Huhn in den Händen hielt, begann es gleich, Zeter und Mordio zu schreien, und zwar in einer Lautstärke, dass man es bis auf die Straße hinterm Haus hören konnte. Außerdem schlug es mit den Flügeln um sich und begann gleich, sich mit Schnabel und Krallen heftig zu wehren. Jetzt merkte ich natürlich, dass die Hinrichtung eines Huhns viel schwieriger war als gedacht und ich befürchtete, dass ich zu versagen drohte, wenn ich nicht rasch zur Tat schritt.

Also drückte ich das Huhn ziemlich unsanft auf den Hackstock, versuchte, seinen Kopf irgendwie in eine vernünftige Position zu bekommen, und streckte eine Hand in Richtung Großmamma aus, damit sie mir das Beil reichen konnte. Kaum hatte ich das Beil in der Hand, zielte ich wie ein Scharfrichter auf den Hals des Huhns und traf es unglücklicherweise ziemlich nahe am Rumpf, ohne ihm dabei den Kopf ganz abgetrennt zu haben. Es zappelte wie verrückt und schlug vor Todesangst mit seinen Flügeln um sich und auf Großmammas Befehl: „Hou nòhamòl zua!" machte ich das auch. Ich hob das Beil und schlug ein weiteres Mal mit aller Kraft zu! Jetzt fiel der Kopf des armen Huhns endlich zu Boden. Ich sah das Blut aus seinem Hals rinnen und war ziemlich aufgeregt, aber froh, das geschafft zu haben. Nun wusste ich sogar, wie man ein Huhn zu schlachten hatte!

Natürlich kann man mit einem toten Huhn, selbst wenn es keinen Kopf mehr hat, noch nicht allzu viel anfangen. Es ist ein weiter Weg bis in die Küche, wo es schlussendlich in der Kasserolle oder dem Suppentopf den ihm gebührenden Platz bekommt. Großmamma hatte zu diesem Zweck und in weiser Voraussicht schon eine oder zwei Stunden zuvor ein Feuer unterm Waschkessel gemacht, damit sie genügend heißes Wasser zum Rupfen der beiden toten Hühner hatte. Zum Rupfen der Federn schöpfte sie mit einem Eimer das beinahe kochend heiße Wasser aus dem Kessel in einen großen Eimer, packte die toten Hühner an den Beinen und steckte eins nach dem anderen mit dem fehlenden Kopf voraus hinein. Dort ließ sie beide eine Zeit lang brühen und begann dann mit dem Rupfen. Es hat eine ganze Weile gedauert, bis die beiden Hühner pudelnackt gewesen sind und sich zu ihrer letzten Reise in die Küche auf den Weg machen konnten. Nachdem ich ihr geholfen hatte, die Federn zusammenzuklauben und wegzuräumen, und das Beil, vom Blut gereinigt, wieder an seinem Platz an der Wand gehangen ist, marschierten wir in die Küche.

Vom toten Huhn zum Festmahl

Wenn es Hühnerbraten gegeben hat, verwendete Großmamma immer alles, was essbar war und was das Huhn auf den Knochen gehabt hat. Auch Herz, Magen, Leber und was weiß ich noch alles zerkleinerte sie in ihrem Fleischwolf und gab zur so gewonnen Masse reichlich Brösel dazu, damit am Ende auch genug für alle Esser da gewesen ist. Dann kamen goldgelb gedünstete Zwiebeln mit viel Petersilie und Knoblauch aus dem eigenen Garten dazu. Das Ganze würzte Großmamma kräftig mit Pfeffer und Salz. Ich glaube mich daran erinnern zu können, dass sie sogar ein bisschen Lustenauer Senf aus dem Glas dazu gegeben hat. Senf kaufte sie immer im Glas, weil man die Gläser gut gebrauchen konnte und es nie genug davon gegeben hat. Nachdem sie alles gut vermischt hatte, formte sie kleine Bällchen und platzierte diese rund um die beiden Hühner, die mittlerweile friedlich in der großen Kasserolle Platz genommen hatten. Die Kasserolle wanderte umgehend ins heiße Backrohr. Dann warf sie zur Kontrolle noch schnell einen Blick aufs Feuer, um zu prüfen, ob die Hitze wohl ausreichend sei. Jetzt kamen die Kartoffeln dran. Großmamma hat sie geschält und der Länge nach halbiert. Nachdem auch für sie die Zeit gekommen war, gesellten sie sich zu den bereits heißen Fleischbällchen und den schwitzenden Hühnern.Immer wieder übergoss Großmamma die beiden Vögel mit einem großen Löffel aus dem Suppentopf. Das was dann zur Mittagszeit aus dem Ofen kam, roch ganz einfach himmlisch und sah richtig betörend aus! So war es auch mit diesen beiden Hühnern. Sie hatten eine wunderschöne braune Kruste und die gelben Kartoffeln schwammen mit den dunkelbraunen Fleischbällchen in einer hellbraunen, dünnen und herrlich schmeckenden Sauce, die durch das ständige Aufgießen mit Suppe entstanden war. Mir läuft heute noch das Wasser im Mund zusammen, wenn ich an den Matsch in meinem Teller denke, den ich aus in viel Sauce zerdrückten Kartoffeln und den Fleischbällchen herstellte. Da durfte dann auch schon mal ein Stückchen weißes Fleisch von der Brust eines Hühnchens, ja nicht etwa rotes, von der Keule, hineingeraten sein.

Der Misthaufen

Wie schon zuvor berichtet, befand sich unser Misthaufen hinterm Haus, beim Stallausgang links. Rechts
von der Stalltüre, genau gegenüber vom Misthaufen,
war das Tor zum Hühnergarten. Auch der Misthaufen musste von Zeit zu Zeit abgebaut und auf die Felder gebracht werden, um sie zu düngen. Das war sehr
harte Arbeit, weil Mist, vor allem wenn er ziemlich
feucht ist, ein enormes Gewicht hat. Wenn es wieder
einmal so weit war, hat Tätti das Fuhrwerk hinters
Haus gefahren und den Wagen so nah wie möglich
am Misthaufen abgestellt. Das war alles andere als
einfach. Zum Einparken musste das Pferd immer
zwei- oder dreimal reversieren, also vor- und zurück-
gehen. Das ging so lange, bis der Wagen zum Beladen
richtig gestanden ist. Mist ist ziemlich schwer und
man musste ihn von Hand mit der Mistgabel auf den
Wagen laden. Unsere Susi war ja kein Dressurpferd
und ist nur dann im Rückwärtsgang gelaufen, wenn
es unbedingt sein musste. Es hat aber jedes Mal geklappt. Dann hat es eine ganze Weile gedauert, bis wir
so viel Mist auf dem damals immerhin schon gummibereiften Wagen hatten, wie das Pferd zu ziehen be-

reit und imstande gewesen ist. Mit dem Mist sind wir dann gemächlich, ohne Susi zu überfordern, aufs Feld zum Düngen gefahren. Dort angekommen, lenkte Tättì das Pferd vom Feldweg über die leicht abfallende Böschung auf die Wiese und sagte „Üüha". Susi blieb sofort stehen und wir begannen gleich, mit unseren Gabeln gerade so viel Mist abzuwerfen, dass ein etwa ein halber Meter hoher Haufen im schon Tage zuvor abgemähten Gras lag. Jetzt nahm Tättì die Zugleine in die Hand und ließ das Pferd ein paar Meter weiter gehen. Wieder begannen wir, Mist abzuladen und einen kleinen Haufen zu machen. So ging es bei jedem Stopp immer weiter, so lange, bis die Fuhre Mist abgeladen war. Dann fuhren wir wieder nach Hause und wenn Tättì meinte, dass wir noch vor dem Mittagessen eine weitere Fuhre schaffen könnten, taten wir das auch. Manchmal reichte die Zeit gerade noch zum Aufladen und Tättì spannte das Pferd über die Mittagszeit aus. Dann sind wir eben erst nach dem Mittagessen wieder aufs Feld gefahren und haben so lange kleine Misthaufen errichtet, bis genug Dünger auf dem Feld gewesen ist.

Zuhause angekommen, war der Misthaufen nach ein paar Fahrten schon sichtbar kleiner geworden. Damit war aber erst ein Teil der Arbeit erledigt. Am nächsten Morgen meinte Tättì, dass in den nächsten Tagen ziemlich sicher mit Regenwetter zu rechnen sei und wir deshalb den auf dem Feld deponierten

Mist so bald wie möglich gut verteilen – er sagte dazu „schtröüa", also verstreuen – sollten. Dann spannte er das Pferd erneut ein und wir fuhren diesmal mit dem leeren, schon gewaschenen und abgebürsteten Wagen hinaus. Eigentlich hätten wir die Fahrt auch mit dem Fahrrad machen können, aber ich glaube, dass es wichtig gewesen ist, das Pferd so viel wie möglich zu beschäftigen. Den leeren Wagen zog es immer gerne und mit Leichtigkeit. Bevor wir auf dem Feld ankamen, konnten wir von weitem schon die kleinen Misthaufen sehen. Susi durfte sich am Gras gütlich tun, während wir damit begannen, die in den beiden Tagen zuvor deponierten Misthaufen auszubreiten und mit unseren Mistgabeln auf dem Feld zu verteilen. Das war ziemlich anstrengend und meine Arme begannen nach einiger Zeit zu schmerzen. Aber weil ich mir damals ganz sicher gewesen bin, so wie Tättì auch einmal Bauer werden zu wollen, habe ich die Zähne zusammengebissen und ohne zu murren bis Mittag weiter Mist verteilt.Die Mittagspause war immer eine wohltuende Unterbrechung. Nach dem Mittagessen spannte Tättì das Pferd wieder vor den Wagen und wir fuhren mit dem Miststreuen fort, bis alles auf dem Feld verteilt war. Tättì hat nie große Reden gehalten, aber ich glaube, dass er mit mir und meiner Arbeit ganz zufrieden gewesen ist. Und so kommen auch heute noch immer Kindheitserinnerungen in mir hoch, wenn ich den Geruch von frisch gestreutem Mist in die Nase bekomme.Das war zu einer Zeit, als die neue Dorfstraße schon trassiert worden war und nun hinter unserem Haus vorbeiführte. Unser Bauernhaus mit dem Hühnergarten war durch die neue Durchzugsstraße von unserer dahinter liegenden großen Streuobstwiese, der „Bündt", abgetrennt worden. Ich kann mich noch gut an die vielen Diskussionen erinnern, die alle nicht verhindern konnten, dass Tätti einen Teil seines Grundes im öffentlichen Interesse abtreten musste. Ich weiß auch, dass ihn das sehr gekränkt hat, auch wenn er schlussendlich einen recht guten Preis erzielen konnte. Nachdem die neue Straße gebaut worden war, konnten wir Buben nicht mehr so ohne weiteres aus dem Stall direkt in unsere „Bündt" laufen, weil wir nun auf die vor allem in der Mittagszeit und am Abend vorbeifahrenden Autos achten mussten.

An einem regnerischen Tag spielten mein Bruder und ich wieder einmal im Stall und in der Tenne. Wir kletterten auf den Heustock und turnten auf den Strohballen überm Wagenschopf herum. Als der Regen etwas nachzulassen schien, zog es uns sofort wieder hinaus und nachdem die Stalltür wie fast immer offen gewesen ist, sind wir hinters Haus in den Hühnergarten gelaufen. Im Hühnergarten stand unser Zwetschgenbaum, der über und über mit reifen und sehr süßen Zwetschgen behangen war. Wir suchten im Schuppen, in dem auch der Waschkessel mit dem Hackstock und das Brennholz untergebracht waren, nach einem geeigneten Wurfgeschoss, um ein paar der reifen Früchte zu ernten, und liefen damit zurück zum Zwetschgenbaum.Es war klar, dass ich als der Ältere, Größere und auch Stärkere viel mehr von den reifen Zwetschgen ergattern könnte, wenn ich mein Holzscheit mit Schwung in das Geäst des Baumes warf, um auf diese Weise möglichst viele der süßen Früchte herunterzubekommen, die mein Bruder aufsammeln konnte. Das wiederholte ich mehrere Male und als genug Zwetschgen am Boden lagen, ging ich natürlich davon aus, dass mein Bruder die zu Boden gefallenen Früchte redlich mit mir teilen würde. Doch der dachte gar nicht dran und wollte sich mit seinen Taschen voller Zwetschgen aus dem Staub machen. Das konnte ich gerade noch verhindern, indem ich ihm ein Bein stellte. Als er hingefallen war, räumte ich seine Taschen aus und holte mir, was mir zustand. Dann setzte ich mich unter das Dach des Schuppens und steckte mir eine Zwetschge nach der anderen in den Mund.Mittlerweile hatte mein Bruder das Weite gesucht und war aus dem Hühnergarten hinausgelaufen. Ich habe gar nicht mitbekommen, dass er sich am Misthaufen zu schaffen gemacht haben muss, weil er bald darauf so, als ob nichts gewesen wäre, wieder auftauchte. Ganz unauffällig stellte er sich neben mich, drückte mir eine Handvoll Mist auf den Kopf und rannte davon. Noch während ich dabei war, mir den Mist aus den Haaren zu entfernen, hörte ich ihn laut lachen und konnte sehen, wie er über die Straße Richtung Tante Lores Garten gerannt ist. Mein kleiner Bruder lehnte am Zaun und lachte sich halbtot. Er bekam fast keine Luft mehr und bog sich regelrecht vor Lachen. Nun griff auch ich mit der Hand in den Misthaufen, schnappte mir eine Handvoll richtig feuchten Mist und rannte ebenfalls über die Straße. Bevor ich drüben angekommen war, warf ich den Ballen Mist in Richtung meines Bruders, der sich gerade, immer noch wie verrückt lachend, aufrichtete und den Mist genau in diesem Augenblick ins Gesicht bekam. Das wollte ich natürlich nicht, aber es sah so lustig aus, als ihm das Lachen buchstäblich im Halse stecken geblieben ist und er, nur noch spuckend, versuchte, mit den Fingern so schnell wie möglich den Mist aus seinem Mund zu bekommen. Mit ekelverzerrtem Gesicht rannte er an mir vorbei zum Wasserhahn im Stall. Dort spülte er immer wieder seinen Mund aus, bis der Stallboden vor Nässe nur so triefte. Rückblickend denke ich mir, dass wir wirklich nichts unversucht gelassen haben, um unser Immunsystem bei jeder Gelegenheit herauszufordern und zu Höchstleistungen anzuspornen.

Das Leben auf dem Bauernhof

Der kleine Bauernhof meiner Großeltern war alles andere als eine Goldgrube. Er hat nie besonders viel Ertrag abgeworfen. Trotz der zusätzlichen Einnahmen aus der Müllerei und der paar Schillinge fürs Stromablesen – „'s Schtròm iizüüha" – lebten Tättì und Großmamma in sehr einfachen Verhältnissen. Von den paar Kühen und dem einen oder anderen Transport mit dem Pferdefuhrwerk, der von Zeit zu Zeit angefallen ist, konnte man gerade mal mehr schlecht als recht leben. Die manchmal aufgezogenen und zum Verkauf angebotenen Ferkel unseres Hausschweins brachten auch keinen großen Gewinn und von dem, was die Hühner gelegt haben, ist man auch nicht reich geworden. Auch wenn Großmamma jeden Tag ein paar Abnehmer für die Milch hatte, deren Kannen Tag für Tag im Stiegenhaus auf der kleinen Kommode vor dem Eingang zum Stall gestanden sind und darauf warteten, gefüllt zu werden, besserte das die Finanzen nicht nennenswert auf.Die Hühner mussten natürlich, ob sie wollten oder nicht, ihren Teil zum wirtschaftlichen Erfolg beitragen. Großmamma brachte ihre Eier, soweit wir sie nicht selber verzehrt haben, jede Woche ein- oder zweimal mit dem Fahrrad zu Rosa nach Kriessern in die nahe Schweiz. Rosa war eine sehr gute Bekannte von Großmamma, vielleicht auch eine Freundin, ich kann es nicht genau sagen.Sobald sie wieder eine bestimmte Anzahl Eier beisammenhatte, packte sie die bei Rosa eingelagerte Produktion auf ihr Fahrrad und fuhr damit nach Altstätten zu einem Konditor. Der Grund dafür lag auf der Hand: Er zahlte pro Ei einen oder zwei Rappen mehr als üblich, weil er Freude an der guten Qualität von Großmammas Ware gehabt hat. Nachdem Großmamma den Erlös aus dem Verkauf ihrer Eier eingesteckt hatte, ist sie wieder zurück nach Kriessern gefahren. Nun gab es mit Rosa noch einen kurzen Tratsch, dann verabschiedete sie sich und ging in die nahe gelegene Bäckerei. Dort kaufte sie vom Eiergeld immer einen Vierpfünder – also einen zwei Kilogramm schweren Laib Weißbrot –, auf den wir zuhause schon sehnsüchtig gewartet haben. Brotlaibe dieser Größe waren damals nicht etwa eine Sonderanfertigung oder nur auf Bestellung zu bekommen, sondern eine durchaus übliche Gewichtsklasse. Das kann sich heute niemand mehr vorstellen.Die Brotlaibe aus Kriessern waren an der Oberseite schön dunkelbraun. Ihr Inneres war feucht und hatte eine langfaserige Struktur, deshalb sind sie auch nicht so schnell trocken geworden. Manchmal hatten sie schwarze, aufgeplatzte Blasen in der Rinde, wie wir dazu sagen.

Ein solcher Laib hat wunderbar ausgesehen und unbeschreiblich gut geschmeckt! Auch noch nach zwei, drei Tagen haben wir uns darum gerauft, wenn denn noch etwas davon übrig gewesen ist! Meistens haben wir Buben uns um den Anschnitt, das Scherzl – in Mäder war das „da Aaschnìtt"–, gestritten. Eine aus der Mitte des Laibes herausgeschnittene Scheibe war so groß, dass sie sogar über den Tellerrand hinausragte. Mit selbstgemachter Butter bestrichen und verfeinert mit Großmammas „Holdrmarmìladì" war ein solches Brot ein Hochgenuss!

Dazu fällt mir gerade eine kleine Geschichte ein, die mich Großmamma einen kurzen Moment lang mit anderen Augen sehen ließ. Drum habe ich sie wahrscheinlich auch bis heute in Erinnerung.An einem dieser Tage, an denen Großmamma wieder einmal nach Altstätten geradelt war, um ihre Eier zu verkaufen, hatte ich einen etwa gleichaltrigen Buben bei mir zum Spielen. Er hieß Ewald, wohnte ein paar Häuser von uns weiter im Dorf und war mehr oder weniger zufällig in meiner Gegend unterwegs. Ich hatte ihn zwar schon öfter gesehen, aber bis dato noch nie mit ihm gespielt. An diesem Tag ist er, als er mich aus der Haustüre laufen sehen hatte, stehen geblieben und hat mich angesprochen. Wir haben uns gleich gut verstanden und ich zeigte ihm meine Schachtel mit den kleinen Indianerfigürchen und den Cowboys. Diese kleinen Plastikfiguren kamen immer zum Vor-

schein, sobald man eine Packung „Linde-Kaffee" auf-
gemacht hatte. Man musste nur mit dem Zeigefinger
darin herumstochern und schon zeigte sich ein kleiner Indianer, ein Pony oder ein Cowboy. Soweit ich
mich erinnern kann, hatte dieses dunkelbraune, fast
schwarze Produkt mit echtem Bohnenkaffee so gut
wie nichts zu tun. Es hat zwar wie gemahlener Kaffee
ausgesehen und vielleicht so ähnlich geschmeckt, war
aber – so glaube ich zumindest – nichts anderes als
Kaffeeersatz. Tättì hat dazu „Moodì" gesagt.

Mit diesen kleinen Figürchen spielte ich am liebsten unten im Hühnergarten. Dort ist ein uralter, mit
Moos bewachsener, großer Baumstrunk gelegen, der
von Wind und Wetter schon so morsch geworden
war, dass er für mich wie eine Berglandschaft mit
Felsen und Schluchten, Höhlen und in Stein gehau-
enen Pfaden ausgesehen hat.Oft habe ich auf diesem
Baumstrunk meine Figürchen aufgebaut, streng getrennt in ein Revier für die Indianer und ein anderes
für die Cowboys. Die Indianer bekamen immer die
etwas bessere Stellung, die natürlich höher lag und
übersichtlicher war als die der Cowboys. Zu jener
Zeit hatte ich schon ein paar Dutzend Karl May-Bü-
cher und auch „Lederstrumpf" von James Fenimore
Cooper gelesen und so war es mir immer wichtig,
dass die Indianer gewinnen sollten.An diesem Tag
suchte ich in meiner Schachtel zuerst alle Cowboys
für Ewald und nachdem er alle in seiner Hand hielt,

zeigte ich ihm das Revier, in dem er sie aufstellen sollte. Dann holte ich meine Indianer heraus und brachte sie ebenfalls in Stellung.Gerade als wir mit unseren kriegerischen Handlungen beginnen wollten, schaute Großmamma aus dem Küchenfenster und rief herunter, dass sie wieder zurück sei. Das weckte in mir sofort ein unbändiges Verlangen nach einer Scheibe frischem Weißbrot mit viel Butter und „Holdrmarmìladì". Sekunden später sind wir schon in der Küche gestanden und haben den frischen Laib Brot auf dem Tisch gesehen. Ohne dass ich etwas sagen hätte müssen, wusste Großmamma genau, warum wir beide hereingestürmt waren, und begann gleich, eine große Scheibe Brot abzuschneiden. Sie bestrich sie schön dick mit frischer Butter, holte die Holundermarmelade aus dem Küchenkasten, schmierte einen ordentlichen Löffel davon aufs Brot und drückte mir die Riesenscheibe in die Hand. Ich wartete mit dem Hineinbeißen, weil ich dachte, dass jetzt mein Kumpel drankäme, der ja so wie ich auch mit großen Augen darauf wartete. Doch nichts dergleichen geschah. Sie sagte nur: „Iatz kònd'r wìdr gòò" und meinte damit offensichtlich, dass wir uns verziehen sollten. Dann begann sie, den Tisch abzuräumen. Ich war irritiert und habe nicht verstanden, weshalb sie sich so verhalten hat. Bislang hatte ich ausschließlich Großmammas gute Seiten kennen gelernt. Nachdem wir uns getrollt hatten, setzten wir uns in den Schuppen im Hühnergarten und teilten die Schnitte Brot redlich. Es hat uns wunderbar geschmeckt und ohnehin für beide gereicht.

Großmamma und der Autounfall

Auf der Fahrt nach Kriessern musste Großmamma den Rhein überqueren und ist mit ihrem Fahrrad immer über die alte hölzerne Brücke gefahren. Tagsüber sah man auf dieser Brücke nur selten ein Auto. Damals gab es ja noch nicht besonders viel Verkehr. Eines Tages, nachdem Großmamma wieder einmal eine Ladung Hühnereier bei ihrer Freundin Rosa in Kriessern zwischengelagert hatte, wurde sie auf dem Heimweg mitten auf der Brücke von einem Pkw angefahren und landete auf der Motorhaube. Dabei stürzte sie so, dass der Fahrer sie nicht sofort sehen konnte, weil sie von der Motorhaube heruntergefallen und unter dem Fahrzeug zum Liegen gekommen war. Der Fahrer sprang zu Tode erschrocken aus seinem Auto und wollte Großmamma beim Aufstehen helfen. Das hätte er lieber bleiben lassen sollen! Sie rappelte sich auf und schimpfte mit dem armen Autofahrer wie ein Rohrspatz. Der Mann war sichtlich froh, dass Großmamma nichts Ernsthaftes passiert war. Sie hatte nur ein paar kleine Schrammen am Unterarm. Vorsorglich wollte er sie aber trotzdem zum nächsten Arzt fahren. Das hat Großmamma nur noch wütender gemacht. Mit den Worten, er solle sich zum Teufel scheren und in Zukunft besser aufpassen, stieg sie auf ihr Fahrrad und fuhr nach Hause. Am nächsten Tag hatte sie mehrere Hämatome am Rücken und einen blau unterlaufenen Unterarm. Wie immer behandelte sie die Blessuren erfolgreich mit Schnaps, ihrem Allheilmittel, und damit war für sie die Sache gegessen.

Holder, Holder und nochmal Holder

Bei dieser Gelegenheit möchte ich unbedingt noch davon berichten, welche Bedeutung der Holunder für Großmamma hatte. Sie nannte die Beerenfrüchte „Holdr". Auf unserer „Bündt" hinterm Haus, an der Grenze zum Nachbarsgrundstück, standen, seit ich denken kann, drei oder vier riesengroße Holundersträucher, die schon beinahe so hoch wie kleinere Bäume gewachsen waren.Großmamma hat zugewartet, bis die Beeren fast schwarz geworden waren, damit wir sie ernten konnten. Jedes Mal, wenn wir ausgerückt sind, haben wir uns mit zwei großen Weidenkörben und einer langen Stange bewaffnet. An deren Ende war ein Haken befestigt. Großmamma zog mit der Stange einen Ast nach dem anderen herunter, damit ich die Rispen mit den Beeren erreichen und abzwicken konnte. Das machten wir jeden zweiten Tag so und zwar so lange, bis alle erreichbaren Beeren geerntet waren. Den Rest überließ Großmamma den Vögeln. Vor allem die Stare sind in Scharen eingeflogen, um sich daran gütlich zu tun. Zurück zuhause musste ich die Rispen abrebeln. Großmamma bläute mir mit Nachdruck ein, ja sorgfältig zu arbeiten und alle Stiele und Kämme von den kleinen schwarzen Beeren zu entfernen. Wenn man weiß, wie klein Holunderbeeren sind, kann man sich gut vorstellen, dass man viel Zeit benötigt, um eine große Schüssel voller Beeren zu bekommen. Und Großmamma hatte viele Schüsseln! Wenn Holunderzeit gewesen ist, bin ich immer tagelang mit tiefroten Fingerkuppen herumgelaufen.Die Arbeit hat sich aber gelohnt. Großmamma machte Jahr für Jahr nicht nur Dutzende Gläser, gefüllt mit allerfeinster „Holdrmarmìladì" – wie sie dazu gesagt hat –, sondern auch honigsüßen Holundersirup, den wir im Winter, mit heißem Wasser verdünnt, getrunken haben. Er hat nicht nur sehr gut geschmeckt, sondern wirkte vor allem bei Husten wahre Wunder. Auch Großmammas „Holdrmuuas" hat herrlich geschmeckt. Das hat sie oft gemacht und noch warm, zusammen mit Rösti oder Kaiserschmarren, auf den Tisch gebracht. Großmamma kannte allerdings den Begriff „Kaiserschmarren" nicht und hat dazu „Kràzatì" gesagt. „Kràzatì" hat sie immer in der großen Eisenpfanne mit ordentlich Eiern und Butterschmalz aus eigener Produktion gemacht. Zusammen mit dem warmen „Holdrmuuas" hat das einfach himmlisch geschmeckt! Großmamma war zwar eine sparsame Frau, aber sie verstand es, aus einfachen Dingen die köstlichsten Gerichte zu zaubern.

Großmamma, die Kräuterhexe

Bei dieser Gelegenheit darf ich auch nicht vergessen, dass sie mich auf ihrem alten Fahrrad auch ein paarmal zum Kräutersammeln mitgenommen hat. Das Kräutersammeln am nicht allzu weit entfernten Kummenberg – Großmamma sagte dazu „am Kumma" – hat mich zwar nicht sonderlich interessiert, aber die aufgelassene Lehmgrube ganz in der Nähe ihres Reviers war für mich ein kleines Paradies und hat mich immer an unser Zuhause in Hard am See erinnert. Im Röhricht sind wunderschöne dunkelbraune Rohrkolben gewachsen und in den flachen, von der Sonne aufgeheizten Pfützen haben sich unzählige Wasserläufer getummelt. Frösche quakten und Kaulquappen schwammen darin herum. Überall konnte ich riesengroße Libellen sehen, die sich auf den langen Schilfhalmen ausgeruht haben, und viele verschiedene und wunderschöne bunte Schmetterlinge flatterten am Rand der Grube umher. Es war ein herrliches Gefühl, barfüßig in den schlammigen, mit warmem Wasser gefüllten Pfützen herumzulaufen und den weichen Lehm zwischen den Zehen zu spüren.

Großmamma hatte inzwischen gefunden, wo-

nach sie gesucht hatte, und wenn ich mich recht erinnere, hatte sie Katzenschwanz und Frauenmäntel-
chen in ihrem leinenen Beutel. Daraus machte sie Tee
oder mit Hundsfett angerührte Salben. Woher sie das
Hundsfett hatte, weiß ich leider nicht. In Großmammas Hausapotheke gab es alles, was sie zur Behandlung unserer Wehwehchen brauchte. Ich habe nie
erlebt, dass man ihr auch nur einmal etwas aus der
Apotheke besorgen musste.

Waldarbeiten am Kummenberg

Am Kummenberg habe ich noch ein weiteres sehr schönes Erlebnis gehabt. Es war kurz vor Wintereinbruch, als Tättì mit Onkel Arnold das Pferd einspannt und den Wagen mit Werkzeug beladen hat. Da wurden eine lange Baumsäge, ein paar Seile, Ketten mit Spannvorrichtungen und allerlei Gerätschaften aufgeladen. Auch ein paar Holzkeile, zwei Beile und eine lange Axt wurden mitgenommen. Neugierig, wie ich war, wollte ich natürlich wissen, wohin er fahre. Er habe heute, vor zwei oder drei Tannen zu fällen, sagte er, weil mein Onkel Rinaldo im kommenden Jahr in der „Bündt" hinterm Hof sein eigenes Haus zu bauen beabsichtige. Dann meinte er noch, wenn ich mitfahren wolle, solle ich zu Großmamma hinaufgehen und lange Hosen und Stiefel anziehen.

Nach einer etwa halbstündigen Fahrt hatten wir den „Kumma" erreicht. Den Weg dorthin habe ich schon gekannt, weil ich diese Strecke bereits einmal mit Großmamma gefahren war. Die Fahrt zum Waldstück mit den Bäumen, die Tättì zu schlagen beabsichtigte, führte über einen sanft ansteigenden Weg. Von dessen rechtem Rand fiel der „Bocksberg" ziemlich steil ab. Mit Tante Lore durfte ich im Winter an den Bocksberg zum Rodeln mitkommen. Damals betrieb eine Baufirma dort einen Steinbruch , in dem auch Onkel Arnold und Tättis Schwager Eduard, ein aus der Pfalz stammender Deutscher, arbeiteten. Doch dazu später.Im Waldstück angekommen, fanden wir gleich die bereits markierten Bäume. Damals war es so, dass jeder in der Gemeinde ansässige Landwirt das Recht hatte, für seinen Eigenbedarf Jahr für Jahr eine gewisse Menge Holz zu schlagen. Das musste natürlich mit dem Gemeindeförster abgesprochen werden und nur der konnte bestimmen, welche Bäume gefällt werden durften. Diese Bäume sind dann von ihm markiert worden.Die für uns bestimmten Bäume waren drei riesige Tannen, die hoch in den Himmel ragten. Ich versuchte, eine davon zu umarmen, und konnte meine beiden Hände auf der hinteren Seite des Baumes gar nicht zusammenbringen, so dick war der Stamm. Sobald Tätti Pferd und Wagen in sicherer Entfernung vom Baum abgestellt hatte und Onkel Arnold Säge und Axt heruntergenommen hatte, machten sich die beiden an die Arbeit. Onkel Arnold lief zuerst ein paarmal um den Baum herum, der als erstes gefällt werden sollte, um zu prüfen, in welche Richtung er wohl fallen würde. Sobald Tätti und er sich darüber einig waren, schlug er mit der Axt unweit vom Boden eine große Kerbe in den Stamm. Auch auf der gegenüberliegenden Seite des Baumes machte er eine Kerbe, in der er und Tättì gleich die lange Baumsäge angesetzt haben. Dann begannen sie, die Säge mit den langen Zähnen und den Holzgriffen gemeinsam an beiden Seiten unermüdlich hin- und herzuziehen. Das dauerte eine ganze Weile und nach der ersten längeren Pause blickten sie immer öfter nach oben ins Geäst der riesigen Tanne. Das Sägeblatt hatte sich etwa zwei Drittel durch den Stamm gefressen und war der gegenüberliegenden Kerbe schon ziemlich nahegekommen, als Onkel Arnold die Säge aus dem Baum nahm und mit der Axt einen Keil in den beim Sägen entstandenen Spalt zu treiben begann. Schon nach ein paar Axthieben hörte ich ein ziemlich beängstigend klingendes Geräusch.Ich hatte ja, während die beiden am Sägen waren, in sicherer Entfernung davon beim Pferd warten müssen und zwar solange, bis die Tanne am Boden gelegen ist. Obwohl zwischen mir und der umstürzenden Tanne mehrere Bäume gestanden sind, konnte ich unter meinen Füßen ganz deutlich spüren, wie die Tanne mit lautem Getöse krachend auf dem Boden aufprallte. Auch das Pferd schien erschrocken zu sein und riss an der Leine, mit der Tättì es angebunden hatte.

Ohne sich lange aufzuhalten, begannen Tättì und Onkel Arnold damit, die am Boden liegende Tanne zu entasten. Tättì kümmerte sich um die dünneren Äste, weil er mit seinem linken Arm nicht mit einer langen Axt arbeiten konnte. Die kräftigeren Äste sägten sie ab und die dünneren konnten die beiden mit dem Beil abhacken.Nun war der gefährlichere Teil der Arbeit getan. Jetzt durfte ich wieder mitmachen und mithelfen, die vielen und zum Teil recht schweren Äste auf den Wagen zu laden. Das dauerte bis in den Nachmittag hinein, weil der viel zu lange Baumstamm noch zweimal durchtrennt werden musste, damit er auch auf der unteren Seite von den Ästen befreit werden konnte. Zum Schluss zersägte Onkel Arnold noch die Baumkrone und als auch die aufgeladen war, fuhren wir wieder nach Hause. Die mitgebrachten Gerätschaften hatten auf dem Wagen Platz, wir aber mussten nebenherlaufen. Die Stämme blieben zurück und sind später vom Sägewerksbetreiber abgeholt worden.Zuhause angekommen, warfen wir die Äste hinterm Wagenschopf auf den Boden. Tätti fuhr den Wagen in die Tenne und spannte das Pferd aus. So ging das für den Rest der Woche weiter. Aus den Ästen machten wir Brennholz und das Tannenreisig wurde zu Buscheln, sprich „Bùschla", zusammengebunden. Zum Herstellen der „Bùschla" benötigte man einen hölzernen Bock, in den man einen Arm voll Reisig hineinlegte. Das Tannenreisig ließ sich mit Hilfe einer einfachen Spannvorrichtung zusammenpressen. Das brauchte allerdings etwas Kraft. Nun musste man das zusammengepresste, immer noch im Bock eingespannte Bündel mit Draht zusammenbinden. Jetzt konnte das gebüschelte Tannenreisig nicht mehr auseinanderfallen. Dann wurde das links und rechts überstehende Astwerk noch gekappt, damit alle „Bùschla" gleich lang gewesen sind und unterm Dach gestapelt werden konnten. Buscheln passen durch die Ofentür jedes Kachelofens und geben ordentlich Wärme. Aus den zum Teil armdicken Ästen, die nicht zum „Bùschla maha" taugten, machte Tättì nach und nach Brennholz für den Winter. Das hatte keine Eile, es lag ja unter dem großen Vordach hinterm Wagenschopf im Trockenen und meine beiden Onkel hatten auch nicht immer Zeit. Ein paar Wochen später konnte Tättì das mittlerweile geschnittene Bauholz für Onkel Rinaldos Dachstuhl von der Sägerei abholen. Bis es so weit gewesen ist, sind die Dachsparren und die Fuß- und Firstpfetten, mit Planen zugedeckt, hinterm Haus gestapelt worden.

Onkel Rinaldo baut sein Haus

Um eine Vorstellung davon zu bekommen, wie Onkel Rinaldos Einfamilienhaus gebaut worden ist, muss man wissen, dass viele Leute in meiner Kindheit den Aushub für Fundamente und Keller ihres Hauses aus Kostengründen von Hand gemacht haben. Das war auch bei uns so. Dazu mussten wir erst den Humus abtragen und mit Schubkarren in einiger Entfernung auf der Seite aufhäufen. Danach kam eine etwa einen halben Meter dicke Schicht aus Lehm, die auch abgetragen werden musste. Glücklicherweise kam später Kies zum Vorschein, der zum Betonieren verwendet werden konnte. All das war harte Arbeit, aber notwendig, damit die Baugrube für den Keller geschaffen werden konnte. Nachdem die Grube von Woche zu Woche tiefer geworden war, mussten wir entlang den Grubenwänden regelrechte Transportwege aus hölzernen Dielen bauen, über die wir das Material mit Schubkarren nach oben gebracht haben.Ich kann mich nicht daran erinnern, dass in der Zeit, als ich mitgeholfen habe, jemals ein Kran oder ein anderes größeres Baugerät auf seiner Baustelle eingesetzt worden wäre. Die modernste Maschine war wohl die kleine, von einem Elektromotor angetriebene Betonmischmaschine, die natürlich ebenfalls von Hand beschickt worden ist. Rückblickend kann ich kaum glauben, dass wir das alles mit Pickel, Schaufel und Schubkarren von Hand bewältigt haben, aber es war so.

Onkel Rinaldo hatte sich auch einige Metallformen besorgt, mit denen wir die Dachziegel aus Beton selber herstellen konnten. Das Material für die Ziegel haben wir aus Sand und Zement in der kleinen Mischmaschine hergestellt. Dieses ganz feinkörnige Gemisch konnte man dann in die bereitgestellten Formen gießen. Danach durfte ich mit einem Sieb fein gemahlenes, rotes Ziegelmehl aus Tonziegelbruch auf die noch feuchten Dachziegel streuen und sie damit einfärben. Sobald sie soweit ausgehärtet waren, dass man sie, ohne sie zu zerbrechen, aus den Formen nehmen konnte, wurden die Dachziegel zum Trocknen in einem Regal unter dem Vordach gelagert.Heute käme kein Mensch mehr auf die Idee, so etwas von Hand zu machen! Ich glaube, dass die selbst gefertigten Ziegel von damals schon längst ersetzt worden sind, aber das Haus meines Onkels Rinaldo steht auch heute noch wie neu da, auch wenn seit damals schon mehr als ein halbes Jahrhundert ins Land gezogen ist.

In meiner Kindheit sind eben alle Räder langsamer als heute gelaufen. Vielleicht schienen meine Kindertage gerade deshalb immer länger zu sein, auch wenn sie gleich lang waren wie jene der Erwachsenen.

Im Steinbruch am „Bocksberg"

Schon auf der Fahrt ins Holz zum „Kumma" habe ich kurz den Steinbruch am „Bocksberg" erwähnt, der rechts von der Straße, die in den Wald hineingeführt hat, gelegen ist. Wie schon gesagt, haben mein Onkel Arnold und Eduard, der Pfälzer, eine Zeit lang gemeinsam im Steinbruch gearbeitet. Die beiden haben mit ein paar anderen Arbeitskollegen im Akkord Steine behauen, die als Randsteine im Straßenbau, als Pflastersteine verschiedener Größen oder Mauersteine für Naturmauern und andere Zwecke verwendet worden sind. Die Höhe des Lohnes hing von der Strecke oder Anzahl der behauenen Steine ab.Steine behauen war eine harte Arbeit. Jeder Arbeiter saß mit gespreizten Beinen am Boden und mit dem Hinterteil auf einem gepolsterten Jutesack. Den zu bearbeitenden Rohling hatte er vor sich liegen und neben sich verschiedene Meißel und Hämmer, mit unterschiedlich geformten Köpfen. Man musste ein gutes Auge haben, um rasch zu erkennen, für welchen der unterschiedlichen Steintypen der zu bearbeitende Rohling am besten geeignet war. Es machte wenig Sinn, einem Rohling eine Form aufzuzwingen, für die er nicht geeignet war. So etwas hätte nur unnötig Zeit gekostet. Das wiederum hätte weniger Strecke und auch weniger Lohn bedeutet. Schließlich haben alle Steinrichter im Akkord gearbeitet!Sobald man eine gewisse Routine erlangt hatte, saß dann jeder Handgriff und man wusste genau, welcher Hammer am besten geeignet war und wie der Rohling getroffen werden sollte, dass er genau an der Stelle auseinandergebrochen ist, an der man ihn spalten wollte. Wenn man ein Auge dafür hatte, konnte man nämlich schon an den rohen, noch unbehauenen Steinen ihre Struktur erkennen, die mich oft an eine Holzmaserung erinnert hat. Der Pfälzer war ein erfahrener Arbeiter und hatte schon in seiner Heimat den Beruf des Steinrichters erlernt. So ist diese Tätigkeit damals genannt worden. Obwohl auch er im Akkord gearbeitet hat, kannte er keine Hektik und arbeitete unentwegt in einem gleichmäßigen Tempo vor sich hin. In aller Ruhe, Stein um Stein bearbeitend, machte er sein Tagwerk. Onkel Arnold konnte viel von ihm lernen, meinte aber bald, dass er diese Arbeit nicht ein Leben lang machen wolle.Es war klar, dass ich gerne im Steinbruch herumgeklettert bin, wenn mich Onkel Arnold zur Arbeit mitgenommen hat. Es war ganz schön aufregend, wenn ich mich mit den anderen in Deckung begeben musste, weil wieder einmal gesprengt worden ist. Manchmal durfte ich mit meinem Onkel auf die Straße hinuntergehen und mit einer roten Flagge den wenigen Verkehr aufhalten, bis die Sprengung am Felshang abgeschlossen war. Sobald der Sprengmeister dreimal in sein Horn geblasen hatte, konnte ich die Sperrung der Straße aufheben und den Straßenverkehr wieder freigeben. Mit dem Straßenschild „Achtung Sprengarbeiten" in der Hand ging ich dann wieder hinauf in den Steinbruch.Einer der dort arbeitenden Männer hatte mich in sein Herz geschlossen und mir eines Tages zwei noch nicht fertig behauene, unscheinbare graue Kalksteine gezeigt. Jeder dieser Steine war etwa so groß wie ein kleiner Backstein, aber mit ganz unterschiedlicher Form. Als ich ihn fragte, was an diesen Steinen so besonders sei, schaute er mich nur an und hob von beiden die lose obere Hälfte ab. Genau dort wo die beiden Teile auseinandergeschlagen worden waren, kamen zwei schneeweiße Fossilien zum Vorschein. Eines davon war ein etwa fünf Zentimeter großer Seestern und das andere die versteinerte Spitze eines Farnblattes. Beide Fossilien mussten schon vor Jahrmillionen aus weißem Quarz entstanden sein und waren wunderschön. Das mausgraue Kalkgestein und der weiße Quarz bildeten einen auffallenden Kontrast und ich hatte noch nie zuvor etwas Derartiges gesehen. Dann fragte mich dieser Mann, ob ich die beiden Stücke haben möchte, und schenkte sie mir. Wenige Wochen später waren sie schon bei mir zuhause in Hard.

Etwa ein Jahr darauf, ich war schon in der

Hauptschule angekommen und wir hörten im Naturkundeunterricht etwas über Geologie, Fossilien und andere erdgeschichtliche Themen, als ich mich sofort wieder an meine Schätze aus dem Steinbruch erinnerte. Eines Tages habe ich sie mit in die Schule genommen, um sie meinem Lehrer zu zeigen. Weil der davon so begeistert war, habe ich sie mit stolzgeschwellter Brust der Schule vermacht. Im Dachboden der Hauptschule gab es einen Raum, der als Archiv für präparierte Vögel, in Spiritus eingelegte Schlangen und noch viele andere naturkundliche Gegenstände diente. Auch ein Schaukasten mit seltenen Schmetterlingen war dort oben. Ich durfte von dort einmal eine ausgestopfte Schleiereule mit in die Klasse nehmen und als Vorlage für eine meiner Bleistiftzeichnungen zu verwenden.Durchaus möglich, dass auch mein Vermächtnis aus dem Steinbruch bis heute noch irgendwo herumliegt, wenn die Fossilien nicht schon von irgendjemandem geklaut worden sind. Das Ganze liegt immerhin sechzig Jahre zurück.

Onkel Eduard und Tante Lina

Onkel Eduard, wie er von uns allen genannt worden ist, war, wie schon gesagt, gelernter Steinrichter und mit Tante Lina, Tättis Schwester, verheiratet. Er und Tante Lina waren recht einfache und zufriedene Zeitgenossen und sind zeitlebens – aus welchem Grund auch immer – kinderlos geblieben. Ihr Hund, ein semmelfarbener Schäferhundmischling, schien als Ersatz für die nicht vorhandenen Kinder genug des Glücks zu sein.

Den Hund haben die beiden „Prinz" getauft und er hörte sogar auf diesen Namen. Allerdings nicht immer und vor allem nur dann, wenn er es selbst auch wollte. Das konnte man fast jeden Samstag erleben, wenn Onkel Eduard auf dem Heimweg vom Einkaufen im Ort an unserem Haus vorbeigegangen ist. Prinz rannte kurzerhand die Stiege hinauf in die Küche, wo er in Windeseile und, ohne auf die Rufe seines Herrn zu hören, die beiden Fressnäpfe von Ponso und den Katzen leergefressen hat. Weder die mahnenden Rufe Onkel Eduards noch Großmammas Schimpfen konnten ihn davon abhalten. Die Rufe seines Herrchens nahm er wahrscheinlich ohnehin nicht ernst und des Gezeters von Großmamma konnte er sich sowieso sicher sein. Großmamma hat natürlich schon immer im Voraus gewusst, dass sich der Hund, ohne sich an irgendeine Etikette zu halten, und aus Angst davor, sich einen Fußtritt einzuhandeln, dermaßen beeilen würde, dass sie wahrscheinlich mit einer Riesensauerei am Küchenboden zu rechnen hatte.Die beiden emaillierten, blechernen Fressnäpfe hatten noch gar nicht aufgehört zu klappern, da war Prinz auch schon wieder unten auf der Straße angekommen. Pech hatte der Hund nur dann, wenn Großmamma bei seinem Hereinstürmen zufällig ihren Besen mit dem langen Stiel in der Hand hatte. Dann war er nicht schnell genug und bekam auch schon mal ordentlich eine übers Fell gezogen.

Ich habe Onkel Eduard noch immer als einen recht eigenartigen, um nicht zu sagen, schlitzohrigen Zeitgenossen in Erinnerung, der mir nie sonderlich sympathisch gewesen ist. Nicht etwa deswegen, weil er als Pfälzer einen für unsere Ohren fremdartigen Dialekt gesprochen hat, den man bei allem, was er sagte, immer heraushörte. Nein, das war es nicht. Was mir an ihm immer ganz besonders unangenehm aufgefallen ist, war, dass er einem beim Sprechen so gut wie nie in die Augen geschaut hat. Immer wenn er sich anschickte, etwas zu sagen, drehte er mit einiger Verzögerung und erst, nachdem er zwei, drei Worte verloren hatte, seinen Kopf in Richtung des Angesprochenen, ohne dabei seine Augen ganz zu öffnen. Es sah ganz komisch aus, wenn seine Augenlider dabei dermaßen flatterten, dass man hätte meinen können, er wolle seine Augen erst wieder aufmachen, nachdem er gesagt hatte, was er denn meinte loswerden zu müssen.Dieses Verhalten hat mich immer ganz besonders gestört. Selbst wenn Onkel Eduard auch hin und wieder gelacht hat, ist mir sein Lachen nie als herzhaft, sondern eher irgendwie gekünstelt vorgekommen.Auf mich als kleiner Bub hat sein Verhalten immer so gewirkt, als müsse er ganz genau überlegen, was er sagen und vor allem, wie er sich ausdrücken solle. Das ist prinzipiell ja nichts Schlechtes. Es ist immer besser, zuerst das Gehirn einzuschalten und erst dann den Mund aufzumachen. Mir kam es aber vor, als könne er nie aus sich herausgehen oder als hätte er vor uns irgendetwas zu verbergen, und könne sich deshalb nicht offen und frei von der Leber weg äußern. Derartiges Verhalten habe ich von meinen anderen Verwandten nicht gekannt.

Tante Lina, meine Großtante, und Onkel Eduard waren ein recht kurioses Pärchen. Jedenfalls hatte ich den Eindruck, dass beim Zusammenfinden der beiden eher der Zufall und nicht die große Liebe die entscheidende Rolle gespielt hat. Für meine Begriffe haben die beiden überhaupt nicht zusammengepasst. Onkel Eduard war ein eher introvertierter, um nicht zu sagen, etwas verschlagener Mensch, der lieber nichts gesagt hat, als sich versehentlich zu offenbaren. Ich bin nie dahinter gekommen, was für eine Haltung er wirklich vertreten hat.

Tante Lina hingegen war eine recht einfach gestrickte, unkomplizierte und eher lustige Person, die sich ziemlich derb auszudrücken verstand, wenn sie meinte, sich und ihrer Meinung Gehör verschaffen zu müssen. Eine von ihr gar nicht so selten getroffene Feststellung und mir noch gut in Erinnerung gebliebene Äußerung war: „Ääs sind dòh alls Aarschlòeh'r", wobei sie das „ch" in den beiden Wörtern „doch" und „Arschlöcher" als waschechte Einheimische sehr authentisch ausgesprochen hat. Das „ch" ist ihr so über die Lippen gekommen, dass es wie ein hart betontes „h" geklungen hat.Es fällt mir ein bisschen schwer, ihr Idiom so zu beschreiben, dass jeder versteht, was ich meine, aber den Versuch ist es mir allemal wert. Denn für nicht besonders anspruchsvolle Ohren mag das durchaus wie Musik klingen. Korrekterweise möchte ich auf keinen Fall verheimlichen und es wäre auch ungerecht zu verschweigen, dass Tante Lina im Großen und Ganzen doch über einen Wortschatz verfügt hat, der es ihr erlaubte, außer dem von mir zitierten Satz auch andere, durchaus sinnvolle und weniger derbe Sätze zu formulieren.

Tante Lina zeichnete sich nicht etwa nur durch die Einfachheit und Derbheit ihrer Sprache aus, sie war auch eine robuste und ungemein zähe Person.

Krankheiten kannte sie nur vom Gerede anderer. Erst viele Jahre später, Onkel Eduard war schon lange davor das unschuldige Opfer eines Verkehrsunfalls geworden – er war mit seinem Fahrrad einem mit einem Auto bewaffneten Verrückten im Weg gestanden –, beklagte sie sich bei mir, nachdem sie wieder einmal per Fahrrad meine Mutter im Unterland besucht hatte, dass es mit den heutigen Männern nicht mehr weit her sei. Zu diesem Zeitpunkt hatte sie ihren achtzigsten Geburtstag bereits hinter sich gelassen und ist immer noch bei jeder Gelegenheit Fahrrad gefahren. Sie meinte enttäuscht, dass nur noch wenige Männer imstande seien, den Walzer „nach links" zu tanzen und mit einem Mann, der nicht Walzer tanzen könne, gebe sie sich nicht ab!

Eine andere Geschichte von Tante Lina gibt es auch noch zu erzählen. Ich kann mich nicht mehr erinnern, aus welchem Grund ich sie besucht habe. Jedenfalls drückte ich auf die Klingel an ihrer Haustür, um mich bemerkbar zu machen. Da sich im Haus nichts rührte, klingelte ich ein weiteres Mal. Wieder rührte sich nichts, aber von der Rückseite des Hauses hörte ich plötzlich lautes Klopfen. Es klang so, als wolle man Mauerwerk abbrechen. Als ich ums Haus herumgegangen war, sah ich Tante Lina vor der Hauswand am Boden knien und mit Hammer und Meißel ein Loch in die Hauswand schlagen. Auf meine Frage, was um Himmelswillen sie denn da mache,

174

meinte sie nur: „A Lòh für d' Katza; sì moand uus und ii kùena wenn sì wänd!" Damit meinte sie: „Ein Loch für die Katzen, damit sie raus und rein können, wenn sie wollen." Dann stand sie auf, wischte sich den Schmutz von den Knien, packte Hammer und Meißel und bat mich in die Küche. Dort bot sie mir, wie damals üblich, ein Gläschen Schnaps an.

Im Gespräch mit ihr bin ich draufgekommen, dass sie Jahr für Jahr etwa dreißig Liter Schnaps konsumiert hat. Das mag allen, die Obstler fälschlicherweise für ein Getränk halten, viel erscheinen, ist aber für jedermann, der etwas davon versteht und eine Ahnung von der mit dem Genuss einhergehenden Indikation hat, durchaus normal. Mir ist es auch so ergangen und ich war ein bisschen erschrocken, als ich mir die Menge vorgestellt habe, die Tante Lina im Laufe eines Jahres geschluckt hat. Wenn man aber bedenkt, dass ein Jahr zweiundfünfzig Wochen hat und die wöchentlich von Tante Lina konsumierte Menge gerade mal etwas mehr als einen halben Liter dieses wertvollen Heilmittels betragen hat, war die Tagesration nach Adam Riese etwa achtzig Milliliter oder acht Zentiliter. Man muss nicht Alkoholiker sein, um zu wissen, dass ein einfaches Stamperl in einem Glas mit zwei Zentilitern Fassungsvermögen untergebracht werden kann. Tante Lina hat diesfalls in erster Linie aus prophylaktischen Gründen täglich nicht mehr als zwei Doppelte, also vier Stamperl, zu sich genommen. Damit war ihre Tagesration a-fonds-perdu, man könnte auch sagen: „verputzt", für alle, die des Französischen nicht mächtig sind. Das hat mich ein bisschen nachdenklich gemacht, aber nachdem sie mich über die wohltuende Wirkung ihrer seit Jahren erprobten und ganz persönlichen Behandlungsmethode für ein langes Leben ohne Krankheit aufgeklärt hatte, wollte ich ihr diese Therapie keineswegs übelnehmen, auch wenn ich sie nicht unbedingt als nachahmenswert empfunden habe.

Tante Lina ist, um gar nicht erst Zweifel an meinen Ausführungen aufkommen zu lassen, nicht etwa einer Krankheit erlegen, sondern an den Folgen eines Sturzes über ihre Kellerstiege gestorben. Ob sie just an diesem Morgen gemeint hatte, sich statt des gewohnten Doppelten vielleicht doch einen Vierfachen genehmigen zu müssen, kann ich natürlich nicht sagen. Immerhin ist sie neunzig Jahre alt geworden und hat mehr oder weniger gesund das Zeitliche gesegnet.

Onkel Alwin

Ohne allzu viel über meine Verwandtschaft berichten zu wollen, möchte ich doch von einem mir am interessantesten und liebenswertest erscheinenden Zeitgenossen erzählen. Es handelt sich um Onkel Alwin, meinen Großonkel, Tante Linas Bruder und natürlich ebenso der von Tätti. Von meiner Mutter weiß ich – wenn das, was sie mir erzählt hat, den Tatsachen entspricht –, dass Onkel Alwin schon in frühester Kindheit von einer Krankheit heimgesucht worden ist, deren Folgen ihn ein Leben lang beeinträchtigt haben. Er hat etwas undeutlich und in nicht besonders korrektem Deutsch gesprochen – wer kann schon ernsthaft von sich behaupten, trotz erfolgreichem Schulabschluss wirklich dazu in der Lage zu sein – und man hat ihn deshalb auch nicht immer auf Anhieb verstanden. Als Kind habe ich ihn aber als einen freundlichen und immer gut gelaunten Mann kennen gelernt. Seine Beeinträchtigung war offensichtlich auch einer der Gründe, weshalb er oft ausgenutzt worden ist und Zeit seines Lebens eher schlecht bezahlte Arbeiten verrichten musste.Onkel Alwins Lieblingsbeschäftigung war es, mit seinem Rennrad auf Tour zu gehen. Manchmal erzählte er mir, wenn er bei uns in der Küche gesessen ist, wo überall er mit seinem Fahrrad schon gewesen sei, und von den Strecken, die er dabei zurückgelegt hat. Natürlich ist mir als Kind aufgefallen, dass mit ihm etwas nicht gestimmt hat. Das wirkte sich in seinem täglichen Leben so aus, dass er in der damaligen Gesellschaft unter einer gewissen Ausgrenzung zu leiden hatte, die er auch zu spüren bekommen hat, vor allem dann, wenn er von seinen sogenannten Kollegen gehänselt worden ist.

Onkel Alwin hat damals, so wie seine Schwester Lina auch, ein kleines Häuschen im „Schlössleweg" bewohnt. Tättí, Tante Lina und Onkel Alwin lebten damals nur einen Steinwurf weit auseinander. Onkel Alwins Heim bestand aus zwei Zimmern. Eines war der Schlafraum, das andere hat als Abstellraum mit Kochgelegenheit gedient. Sein Häuschen lag genau vis-à-vis vom Gasthaus Krone. Das wenige Geld, über das er verfügt hat, reichte gerade einmal, um seinen Lebensunterhalt mehr schlecht als recht bestreiten zu können, und manchmal noch für das eine oder ande- re Bier im Gasthaus Krone – „ì dr Kròna".

So passierte es denn auch einmal, dass er in die- sem Gasthaus nach einem entsprechenden Pensum Alkohol und von einem dummen Tischgenossen gehänselt, derart in Rage geraten ist, dass er wutent- brannt aufstand und über die Straße in sein Häuschen rannte. Dort angekommen, hat er sich nicht etwa schlafen gelegt, nein, er hat sich mit einem Hammer bewaffnet und damit einen vor dem Gasthof Krone parkenden Mercedes demoliert. Nachdem er die Frontscheibe des Wagens eingeschlagen und dessen Dach und die Türen malträtiert hatte, verzog er sich, den zu Schrott geklopften Pkw hinter sich lassend, ins Bett, um seinen Rausch auszuschlafen.Diese Tat ist natürlich nicht unbemerkt geblieben und spätestens als der Autobesitzer seinen Nachhauseweg antreten wollte, publik geworden. Der neben dem Auto am Boden liegende Hammer war zwar ein wichtiges Beweismittel, aber Onkel Alwin war froh, dass ihm der Eigentümer des Wagens am nächsten Tag den Hammer zurückgebracht hat und – freundlich wie er gewesen ist – bedankte er sich auch dafür.

Um die ganze Geschichte abzukürzen, nur so viel: Die Angelegenheit wurde ohne Gendarmerie und ohne Gerichtsverfahren amical geregelt. Die Geschichte endete damit, dass Tätti für den von seinem Bruder angerichteten Schaden aufgekommen ist und die vom Autobesitzer vorgelegte Kostenaufstellung bezahlt hat. Tätti hat dafür natürlich Kredit aufnehmen müssen und sich als Gegenleistung den Besitz seines Bruders mittels Beurkundung im Grundbuch übertragen lassen. Diese Liegenschaft hat dann irgendwann Tante Lore, Gott hab' sie selig, geerbt.

Von den Tieren und Menschen auf dem Bauernhof

Die Katzen auf dem Bauernhof haben immer Max oder Moritz geheißen, weil man sich diese Namen leicht merken konnte, und mehr als zwei hatten wir nie. Alle Tiere auf dem Hof, so verschieden sie auch gewesen sind, waren Teil unseres täglichen Lebens. Viele der anderen Tiere haben, so wie die Katzen, ebenfalls einen Namen gehabt. Sie gehörten zu uns, man kümmerte sich jeden Tag um sie und fühlte sich für sie verantwortlich. Schließlich waren sie auf uns angewiesen. Für mich war dieser Umstand das Normalste auf der Welt.Noch heute habe ich die Bilder aus meiner Zeit bei den Großeltern und dem Leben auf dem Bauernhof vor Augen, als ob es erst gestern gewesen wäre. Für mich waren die Feldarbeit, die Aussaat, die Erntezeit und das Zusammenleben mit den Tieren wie das Leben im Paradies. Das Leben mit meinen Großeltern war eine wahre Fundgrube von Eindrücken, die mit Sicherheit großen Einfluss auf mich und mein weiteres Leben gehabt haben. Ich befand mich jeden Tag aufs Neue auf dem aufregendsten Abenteuerspielplatz, den man sich vorstellen kann. Auf dem Bauernhof gab es keine gekauften Spielsachen und wir hätten vermutlich auch nichts damit anfangen können. Alles, was wir Buben zum Spielen gebraucht haben, bastelten wir selbst oder haben es irgendwo gefunden. Unsere Kindheit auf dem Bauernhof war von morgens bis abends mit Leben erfüllt, egal wo wir uns befanden oder gerade hingeschaut haben. Ich habe nie erlebt, dass Tätti einen Termin gehabt hätte, zu dem eine bestimmte Arbeit fertig hätte sein sollen. So etwas gab es für ihn nicht. Alles hatte seine Zeit und die hat er sich immer genommen. Niemand außer ihm selbst hatte zu bestimmen, wann was zu tun gewesen ist. Das einzige, dem er sich unterzuordnen hatte, war die Natur und die meinte es nur selten schlecht mit ihm, solange er versucht hat, im Einklang mit ihr zu leben.

Ich denke, dass das einer der Gründe für mein tiefes Empfinden ist, bei meinen Großeltern den wichtigsten Teil meiner Kindheit verbracht zu haben. Nachdem ich dann eingeschult worden war, musste ich am Ende der Ferien zwar jedes Mal wieder den Weg nach Hause antreten, weil ich die Schulbank in Hard zu drücken hatte, aber ich freute mich schon bei der Abreise immer auf die nächsten Ferien.Das Leben mit den Jahreszeiten und die Nähe zur Natur, die das Leben und Arbeiten auf einem Bauernhof mit sich bringen, haben bei mir bis zum heutigen Tag tiefe Eindrücke hinterlassen. Jetzt kann man vielleicht verstehen, dass ich mir als Kind ganz sicher gewesen bin, selbst einmal den Bauernhof meiner Großeltern übernehmen zu wollen. Ich weiß noch gut, wie mein Bruder und ich Pläne geschmiedet und davon geträumt haben, vor jeder Tür des Bauernhauses einen Berner Sennenhund als Wächter zu postieren. Von diesem Vorhaben rückte ich dann aber ab, als ich mit der Pflichtschule fertig gewesen bin und mitbekommen hatte, welch harte und schlecht bezahlte Arbeit das Leben auf einem Bauernhof damals bedeutet hat. Schon als Bub habe ich mich für alles interessiert. Ich bemerkte deshalb recht bald, dass meine beiden Onkel – nicht so sehr meine beiden Tanten Irmgard und Lore – zwar immer bei der Arbeit mitgeholfen haben, wenn Tätti nach ihnen gerufen hatte, aber ich hatte nie das Gefühl, dass das alle immer von sich aus und mit großer Begeisterung getan hätten. Es war ebenso und musste halt sein.

Etwas anders war es bei meinem Onkel Arnold, meinem Lieblingsonkel. Der schaute meistens morgens auf dem Weg zur Arbeit noch rasch vorbei, um die paar Kühe zu melken, weil Großmamma mit zunehmendem Alter in den Händen immer öfter die Kraft dazu fehlte. Und weil die Kühe zweimal am Tag gemolken worden sind, musste sie diese Arbeit, obwohl sie tagsüber schon mehr als genug zu tun gehabt hatte, am Abend auch nochmal erledigen. Wahrscheinlich ist sie deshalb, kaum dass sie mit dem

Abendessen fertig gewesen ist, oft schon im Stuhl eingeschlafen.Es war lustig, sie dabei zu beobachten, wie sie im Schlaf immer mehr zur Seite sank und kurz bevor sie Gefahr lief, vom Stuhl zu rutschen, zusammenzuckte und wieder aufgewacht ist. Nachdem ihr das vier- oder fünfmal passiert war, ist sie wortlos aufgestanden und hat, ohne ein Wort zu sagen, kurz in die Runde geschaut. Dann begann sie gleich darauf, den Tisch abzuräumen und das Geschirr abzuwaschen.Ein Arbeitstag auf dem Bauernhof war meistens lang und manchmal auch anstrengend. Als Kind ist mir das zwar nie besonders aufgefallen. Jeder hat getan, was getan werden musste, ohne deswegen viel Aufhebens zu machen. In den frühen Jahren meiner Kindheit hatte Großmamma weder einen Elektroherd noch eine Waschmaschine. Wir hatten weder eine Dusche noch ein Bad oder ein Spülklosett. In der Küche hat es auch kein fließendes Wasser gegeben. Das musste, wie schon berichtet, jeden Tag aufs Neue in zwei Eimern aus dem Stall geholt werden. Es gab auch keinen Kühlschrank oder Fernseher, ich wusste damals nicht einmal, was das war. Der einzige Luxus, den die Großeltern hatten, war ein Radio und als Tageszeitung die „Vorarlberger Nachrichten". Nach dem Abendessen hat Großmamma aus der Zeitung das ihr am wichtigsten Erscheinende laut vorgelesen. Das Radio wurde jeden Mittag vor dem Essen eingeschaltet, damit Tätti die Nachrichten hören konnte. War das Mittagessen vorbei, wurde es wieder ausgeschaltet.Das Essen war einfach und wenig abwechslungsreich, aber es hat immer sehr gut geschmeckt. Zum Frühstück gab es das ganze Jahr über „Rìbl". „Rìbl" ist ein Gericht aus hellem Maisgrieß, den Großmamma immer schon am Abend des Vortages mit Milchwasser und einer Prise Salz angerührt hat, damit er über Nacht quellen konnte. Am nächsten Morgen hat sie den Grieß in der eisernen Pfanne mit reichlich Butterschmalz geröstet. Großmamma hat sehr darauf geachtet, dass ihr „Rìbl" so fein wie möglich geworden ist. Wir Buben haben ihn mit warmer Milch gegessen – davon war ja genug da. Die Erwachsenen tranken Kaffee dazu. Manchmal bekamen auch mein Bruder und ich etwas vom Kaffee ab, damit der Brei, den wir aus „Rìbl" und Milch gemacht haben, ein bisschen Farbe bekommen hat. Mit Zucker mussten wir nie sparen, davon gab es immer genug.Wenn Großmamma richtigen Bohnenkaffee gemacht hat, mahlte sie die Bohnen in ihrer kleinen, hölzernen Kaffeemühle. Die hat immer schon auf der Konsole über der Eckbank auf ihre eher seltenen Einsätze gewartet. Großmamma verwendete zum Brühen des Kaffees keinen Filter – ich weiß gar nicht, ob es das damals schon gegeben hat – aber immer recht viel Wasser, weil sie eine sehr sparsame Frau gewesen ist. Außerdem hat Tätti tagsüber gerne kalten Kaffee aus einer Kanne getrunken, die immer auf dem Herd bereitstand. Der Kaffee wurde bei dieser Art der Zubereitung zwar etwas dünn, dafür gab es mehr davon und der Kaffeesatz musste nicht nach dem Brühen weggeschmissen werden, weil er sich am Boden der Kanne angesammelt hat. Auf diese Weise konnten die wenigen gemahlenen Kaffeebohnen immer noch eine ganze Weile ihr kostbares Aroma ins heiße Kaffeewasser abgeben. Damit der Kaffee trotzdem eine schöne dunkle Farbe bekommen hat, fügte Großmamma immer einen Esslöffel voll „Moodì" hinzu. Als „Moodì" bezeichnete sie den damals überall erhältlichen Kaffeeersatz, der, zu weichen fast kohlschwarzen kleinen Blöcken gepresst, als „Linde-Kaffee" bekannt gewesen ist. In der Verpackung waren Indianerfigürchen aus Plastik versteckt, auf die wir Kinder natürlich immer scharf gewesen sind. Ich hörte Tättì öfter zu Großmamma sagen, sie solle doch etwas mehr „Moodì" nehmen, vermutlich deshalb, weil dieses Produkt auch gleich als Geschmacksverstärker gedient hat.

Erst Tante Lore hat, vor allem wenn sie Besuch erwartete, darauf Wert gelegt, Filterkaffe zu brühen. Ich glaube nicht, dass Tättì solcherart hergestellter Kaffee überhaupt geschmeckt hätte, wenn dann schon eher Großmamma. Aber ihr auch nur dann, wenn sie ihn mit Unmengen von Rahm hätte verfeinern können.

Mais und Kartoffeln oder
„Rìebl" und „Hòerdòepfl"

Unser Abendessen hat fast immer aus Kartoffeln bestanden. Kartoffeln, die in Mäder „Hòerdòepfl" heißen. Kartoffeln und der von uns „Türken" genannte
Mais gehörten in meiner Kindheit zu den Grund-
pfeilern des damaligen Nahrungsangebots. Es gab
nicht viel anderes und man konnte sicher sein, mit
„Rìebl" und „Hòerdòepfl" etwas Gesundes im Teller
zu haben. Was ich gar nicht gemocht habe, war der
so genannte „Hòerdòepflrìebl". Der kam immer dann
als Abendessen auf den Tisch, wenn Großmamma
zum Frühstück mehr „Rìebl" gemacht hatte, als wir
gebraucht hätten, um satt zu werden. Dann ging sie
kurzerhand her und hobelte einen Teil der praktisch
jeden Tag in einem Topf auf dem Herd stehenden
gekochten Kartoffeln nudelig, mischte sie unter den
beim Frühstück nicht verzehrten „Rìebl" und schon
gab es „Hòerdòepflrìebl!"

Vor allem meine Mutter und auch Onkel Rinaldo
waren verrückt danach. Ich verstehe bis heute nicht,
was daran so gut gewesen sein soll. Schließlich hatten wir ja im Stall unser Hausschwein, das den von

uns nicht verspeisten „Rìebl" nie und nimmer verschmäht hätte, und Kartoffeln gehörten ohnehin zu seiner Leibspeise. Auch wenn der „Rìebl" vom Vortag gewesen ist, hätte das dem Schweinchen sicher nichts ausgemacht, es war ja nicht heikel. Aus meiner Sicht bestand also keine Notwendigkeit, „Rìebl" nur deshalb, weil er übriggeblieben war, mit gehobelten Kartoffeln zu vermischen und daraus das Abendessen zuzubereiten.

Üblicherweise sind die Kartoffeln als Bratkartoffeln oder Rösti auf den Tisch gekommen. Manchmal lagen sie auch geschält und halbiert in der dünnen Bratensoße, wenn es an Sonntagen mal ein Huhn gegeben hat. Rösti hatte ich ganz besonders gern, wenn Großmamma dazu warmes „Holdrmuuas" gemacht hat oder, noch besser, Mus, sprich „Muuas", aus den unweit von uns wachsenden wilden, herrlich schmeckenden Brombeeren, zu denen sie „Kuuchbeer" gesagt hat. Diese Beeren sind auf dornigen Stauden entlang des Rheindamms gewachsen. Die von ihr „Kuuchbeer" genannten Beeren sahen aus wie Brombeeren, waren aber kleiner und nicht so dunkel und von einer hellblauen, wächsernen Schicht überzogen, wie wir es von unberührten, frisch vom Baum geernteten Zwetschgen kennen.Das Einzige, was mich an der Rösti gestört hat, waren die ganzen Knoblauchzehen drin. Auf ihren Geschmack wollte ich zwar nicht verzichten, aber versehentlich auf eine Knoblauchzehe zu beißen habe ich tunlichst vermieden. Beim Schöpfen achtete ich deshalb immer darauf, ja keine dieser Zehen zu erwischen. Als Kind mochte ich ganzen Knoblauch genau so wenig wie Fleisch, aber Großmamma liebte Knoblauch über alles und deshalb durfte er nie fehlen. Zum Beerensammeln fuhren wir schon am Vortag mit dem Fahrrad an den Rhein hinaus. Ich saß wie immer hinten auf dem Gepäckträger des Fahrrades und ließ die Beine baumeln. Den Luxus ausklappbarer kleiner Fußraster, auf die ich meine Füße hätte stellen können, gab es nur beim Fahrrad meiner Mutter. Vater hatte für uns Buben vorsorglich welche montiert. Schließlich sind mein Bruder und ich von Mutter unzählige Male auf ihrem Fahrrad von Hard nach Mäder gefahren worden.

Nachdem Großmamma und ich an der Sandgrube angekommen waren, sahen wir schon den Rheindamm vor uns. Mit geschultem Blick erfasste Großmamma die Lage und sah gleich, an welcher Stelle es sich anzuhalten lohnte. Wir waren ja nicht die einzigen Mäderer, die es auf die wohlschmeckenden „Kuuchbeer" abgesehen hatten, und darum sind die leichter erreichbaren Stellen oft schon abgeerntet gewesen. Weil die von uns geliebten „Kuuchbeer" an Büschen gereift sind, die sich mit unzähligen Dornen vor Räubern zu schützen verstanden haben, musste man vorsichtig ans Werk gehen, wenn man nicht zerkratzt werden wollte.

Die kleinen, spitzen Dornen brachen leicht ab, sobald sie mit der Haut in Berührung gekommen sind. Deshalb war natürlich jeder bemüht, zuerst die weniger gut versteckten Beeren zu ergattern. Gott sei Dank, schien die Sonne jeden Tag aufs Neue und ließ die Früchte recht schnell reif werden, bis schließlich auch die letzten so weit gewesen sind.Nach Hause ging es immer erst, wenn das mitgenommene Eimerchen randvoll war. Dann kam zuerst das, was in solchen Fällen immer gekommen ist. Großmamma holte ihren Schnaps aus dem Kasten und rieb damit unsere zerkratzten Arme und Beine ein, um mögliche Entzündungen von vorneherein und prophylaktisch gar nicht erst entstehen zu lassen.Ob wir „Kuuchbeermuuas" bekamen oder nicht, hing ganz davon ab, ob es zum Essen Bratkartoffeln oder Rösti gegeben hat. Zu Bratkartoffeln gab es, wenn wir Lust darauf hatten, ein oder zwei Spiegeleier. Großmamma sagte zu Spiegeleiern „Schtierooga", ins Deutsche übersetzt: Stieraugen. Warum sie zu den Eiern, wenn sie so dahergekommen sind, „Schtierooga", gesagt hat, weiß ich nicht. Eier waren ja immer genug in der Kommode mit Tättis Obstler und wenn keine mehr da gewesen sind, schickte mich Großmamma hinunter in den Hühnerstall, um ein paar zu besorgen. Ein solcher Raub wurde von den schreckhaften Hühnern immer von aufgeregtem Gegacker begleitet.Ganz nebenbei möchte ich noch erwähnen, dass es ein ganz besonders angenehmes Gefühl ist, mit der Hand unter ein auf dem Ei sitzendes Huhn zu fahren und das warme Gefieder an seinem Bauch zu spüren. Der Lohn einer solchen Tat war dann ein noch warmes Hühnerei.

Auch an das Mittagessen denke ich recht gerne zurück, vor allem, weil ich nie gezwungen worden bin gebratenes Fleisch zu essen, was es ohnehin nicht allzu oft gegeben hat. Wenn Großmamma Fleisch auf den Tisch brachte, handelte es sich meistens um ein Huhn, das keine Lust mehr aufs Eierlegen hatte und deshalb nur noch als Schmorbraten oder Suppen-huhn zu gebrauchen war.

Großmammas Sterneküche

Ab und zu kaufte Großmamma in der nahe gelegenen, neben dem Gasthaus Krone eingerichteten Metzgerei auch Faschiertes – halb Schwein, halb Rind. Daraus machte sie dann Haschee mit viel Soße. Dazu gab es immer „Hörnle", eine Art Maccaroni, Tättì sagte dazu „Magròna". „Magròna" waren, neben den „Schtierooga" genannten Spiegeleiern, eine seiner Lieblingsspeisen. Salat aß er eigentlich nie, obwohl genug davon in Tante Lores Garten gewachsen wäre. Als ich ihn einmal gefragt habe, warum er keinen Salat esse und ob er ihn denn nicht möge, meinte er nur trocken, er sei ja keine Kuh.Manchmal gab es auch Hörnle mit geriebenem Käse. Hörnle sind, wie schon gesagt, Verwandte der italienischen Maccaroni. Tättì hat zu diesem Gericht mit Käse immer „Kääsmagròna" gesagt. Damit diese auch ordentlich Fäden gezogen haben, wurde geriebener Emmentaler, für Großmamma war das „Fättkääs", und dann und wann auch etwas Rässkäse, „Rässa Kääs" oder Sauerkäse, „Suura Kääs" genannt, lagenweise unter die Hörnle gestreut und mit diesen gut vermischt. Die Hörnle mussten auf jeden Fall immer ziemlich weich sein und durften auf gar keinen Fall „al dente" gekocht sein, das hätte Tättì nie verziehen. Diese beinahe göttliche Verheißung wurde dann noch mit fein gehackten und in reichlich Butterschmalz goldbraun gerösteten Zwiebeln abgeschmalzen. Was für ein einfaches und doch so wunderbares Gericht Großmammas „Käsmagròna" gewesen sind! Eine wahre Götterspeise!

Ich kann mich nicht daran erinnern, dass bei Großmamma auch nur einmal keine Suppe auf den Tisch gekommen wäre. Das weiß ich deshalb so genau, weil Tättì zu Mittag gern Suppe gegessen hat und gewohnheitsmäßig immer gleich zum Pfefferstreuer griff, egal mit wie viel Pfeffer oder Salz Großmamma die Suppe bereits gewürzt hatte. Auswahl gab es also trotz der Einfachheit des Speisenangebotes mehr als genug und es passiert mir heute noch oft, dass mir der Geruch aus Großmammas Küche in die Nase steigt, wenn ich auf der Autobahn Richtung Feldkirch fahre und zu meiner Rechten Mäder in Sicht kommt. Das ist bei mir vor allem im Winter der Fall, wenn ich an das geselchte Fleisch, den Speck und die Hauswürste zurückdenke, die jeden Spätherbst aus dem geschlachteten Hausschwein gemacht worden sind. Unser zerkleinertes Schwein hat mir erst recht und ganz besonders dann geschmeckt, wenn Großmamma es, in welchem Zustand auch immer, in der warmen Küche zusammen mit dem Sauerkraut gekocht hat. Ich sehe mich heute noch mit spitzem Bleistift und meinem Zeichenblock am Küchentisch sitzen und irgendetwas, das mir ins Auge gestochen hatte, nachzeichnen. Das konnte eine Strohblume, ein Krug, Tättis Kaffeekanne auf dem Herd oder auch eine auf der Eckbank liegende, schlafende Katze sein. Hinter dem Küchentisch zu sitzen, während Großmamma gekocht hat, vom Winter nur durch das Küchenfenster mit den Sprossen getrennt, und den sich in der Küche langsam ausbreitenden Geruch der Speisen in der Nase zu haben, war einfach wunderbar.

Pflug und Egge

Ein weiteres Schlüsselerlebnis hatte ich, als mich Tättì zum ersten Mal zum Pflügen mitgenommen hat. Ich war damals etwa zehn oder elf Jahre alt. Auf dem Feld angekommen, hat er als erstes den Pflug abgehängt. Nachdem er den Wagen zur Seite gefahren hatte und das Pferd ausgeschirrt gewesen ist, spannte er es vor den Pflug. Dann drückte er mir ohne lange Vorbereitungen die ledernen Zugleinen – er sagte „'s Lòatsòal" – in die Hand. Tättì erklärte mir in knappen Worten, worauf ich zu achten habe und wie ich das Pferd führen müsse. Nun brachte er den Pflug in Position, packte ihn mit beiden Händen, wobei er den rechten Griff des Pfluges irgendwie unter die Finger seiner rechten Hand klemmte, drückte die Pflugschar für die erste Furche in den Ackerboden und schon ging's los.

Das Stampfen und Schnauben des Pferdes, seine Kraft, die ich über den Zügel in meiner Hand spüren konnte, und der Geruch des aufgerissenen Bodens waren etwas ganz Besonderes. Nachdem wir fertig gepflügt hatten, war es schon nach Mittag geworden. Wir spannten das Pferd erneut vor den Wagen und fuhren wieder nach Hause zurück. Den Pflug haben wir an den Wagen angehängt. Nachdem Tättì den Pflug hinterm Haus abgestellt und das Pferd wieder in den Stall gebracht hatte, gab er ihm noch Wasser und ein bisschen Futter. Danach gingen wir in die Küche hinauf und freuten uns aufs Mittagessen.

Am nächsten Morgen holten wir die Egge hinterm Wagenschopf hervor und nachdem sie Tättì auf den Wagen geladen hatte, sind wir wieder losgefahren. Auf dem Feld angekommen, konnte ich sehen, wie die frischen Furchen vom Vortag in der Nachmittagssonne bereits angetrocknet worden waren. Unser Feld mit den dunklen, fast schwarzen Erdschollen hat zwischen den noch nicht gepflügten Feldern der Nachbarn richtig schön ausgesehen.Zum Eggen hat mich Tättì nicht gebraucht. Die Egge hatte, soweit ich mich erinnere, ein Ausmaß von etwa einem Meter im Quadrat und sehr viele eiserne Zinken an der Unterseite, mit denen die groben Erdschollen zerkleinert worden sind. Sobald Tättì die Egge an der Waage des Pferdegeschirrs angehängt hatte, nahm er das Pferd am langen Zügel und stellte sich hinter die Egge. Mit einem lauten „Hüh" befahl er dem Pferd zu ziehen und lenkte sie über die Schollen. Dabei konnte er gleich mindestens zwei Furchen auf einmal bearbeiten.

Auf diesem Feld in der Nähe des Rheindammes stand neben der kurzen, leicht abfallenden Böschung mit der Zufahrt zum etwas höher gelegenen Feldweg ein Apfelbaum. Der Baum war nicht sonderlich hoch und hat im Herbst immer viele kleine saure Äpfel getragen. Er taugte gut zum Klettern und weil ich schon beinahe so groß war, dass ich mit den Händen den untersten Ast erreichen konnte, wenn ich mich genug gestreckt habe, musste ich nur ein bisschen in die Höhe springen, um hochklettern zu können. Weil mich Tätti beim Eggen ohnehin nicht gebraucht hat, hatte ich genügend Zeit, hinaufzuklettern und ihm von oben bei der Arbeit zuzuschauen. Oben angekommen, machte ich es mir auf einem großen Ast gemütlich und konnte sehen, dass das Eggen viel schneller ging als das Pflügen. Es war schön anzusehen, wie die großen, vor den Hufen des Pferdes liegenden Erdschollen, sobald die Egge drübergezogen worden war, schön eingeebnet und für die nächste Aussaat hergerichtet worden sind. Mir kam auch vor, dass sich das Pferd beim Eggen viel weniger anstrengen musste als beim Pflügen.

Erntezeit

Ich kann mich nicht mehr daran erinnern, welche Saat nach dem Pflügen und Eggen gerade auf diesem Feld ausgebracht worden ist, aber Tättì baute auf seinen Feldern, soweit sie nicht für die Heuernte gebraucht wurden, jedes Jahr auch Mais und Kartoffeln, manchmal auch Hafer und – eher selten – Weizen oder Gerste an. Auch Silomais und Futterrüben für die Kühe sind auf seinen Feldern gewachsen. Die Kühe schienen die Futterrüben zwischendurch ganz gerne zu fressen, nachdem wir sie gewaschen und klein gehackt hatten.

Heuernte war mindestens zweimal im Jahr. Für uns Kinder war das immer ein tolles Erlebnis. Damals hatte Tättì eine alte Mähmaschine mit einer langen Deichsel. Der Mähbalken ist nicht von einem Motor, sondern nur durch die Kraft des Pferdes über eines der beiden Eisenräder antrieben worden. Zum Mähen musste Tättì auf die Maschine klettern, damit er das Pferd mit den Zügeln lenken konnte. Ich hätte mich auf diesem ziemlich wackeligen Gefährt mit dem Sattel aus gelochtem Eisenblech, der zwischen den beiden Rädern befestigt war, nicht wohl gefühlt!

Neben dem Rad auf der rechten Seite war der Mähbalken mit der Schneidevorrichtung und den scharfen Messern angebracht, mit denen das frische Gras
geschnitten worden ist. Den Mähbalken konnte Tätti,
bevor er aufs Feld gefahren ist, hochziehen und am
Gefährt einhängen. Auf dem Feld angekommen, hat
er den Mähbalken wieder hinuntergelassen, alles natürlich von Hand, und dann konnte es losgehen.Der
Antrieb der Schneidvorrichtung mit den scharfen
Messern erfolgte, wie gesagt, nur durch die Umdre-
hung der beiden über den Ackerboden rollenden Räder. Diese Arbeit war mit dem Einspänner, also mit
einem „PS", sehr schwer zu bewältigen und das Pferd
musste sich richtig anstrengen. Deshalb hat ihm Tätti
auch immer wieder mal eine Pause gegönnt.An dieser
Stelle möchte ich noch kurz erwähnen, dass Tätti zu
seinen Pferden eine, man kann fast sagen, liebevolle
Beziehung hatte und seine Tiere nie geschunden hat.
Er hat sie geschont, wo immer es ging. Meine Mutter
hat mir einmal erzählt, seine Beziehung zu jedem seiner Pferde sei so eng gewesen, dass er sogar geweint
habe, als er einmal einen seiner Lieblinge verloren
hatte, der an einer Lungenentzündung erkrankt war.

Sobald das frische Gras abgemäht auf dem Boden
gelegen ist und das Pferd, schweißnass vom Arbeiten,
zur Ruhe gekommen war, wurde es zuerst einmal ab-
getrocknet. Dann durfte es sich mit einer alten Decke
auf dem Rücken etwas erholen. Nachdem es ein biss-

chen Gras gefressen hatte, war es wieder bereit, Tättì und seine Mähmaschine nach Hause zu ziehen. Ich durfte während der Fahrt hinten draufstehen. Zuhause angekommen, stellte Tättì die Mähmaschine neben dem Wagenschopf auf die Wiese. Dann spannte er das Pferd aus und führte es in den Stall. Dort bekam es, wie immer nach getaner Arbeit, ein bisschen Futter und einen Eimer Wasser. Nun konnte es sich ausruhen und für den Rest des Tages vor sich hin dösen.

Auch am nächsten Tag wurden wir wieder von der Sonne geweckt. Diesmal wurde das Pferd vor den Heuwender gespannt. Der Heuwender war auch so ein gefährlich aussehendes Gerät mit großen eisernen Rädern. Auch er hatte einen Sattel aus gelochtem Eisenblech, auf dem man noch höher saß als auf dem der Mähmaschine. Außerdem hatte der Heuwender am hinteren Ende Dutzende eiserne Zinken. Jeder war aus starkem, bleistiftdickem Draht und etwa fünfundzwanzig bis dreißig Zentimeter lang. Die Zinken waren um eine Achse befestigt, die ebenfalls nur durch die Kraft des Pferdes über die beiden Räder angetrieben worden ist. Also auch wieder ein so genanntes Ein-PS-Gerät.

Auf dem Feld angekommen, konnte Tättì die Achse, sobald sie sich zu drehen begann, absenken und gerade nur so weit zu Boden lassen, dass die vielen Zinken nicht ins Erdreich gedrückt worden sind, sondern nur das abgemähte Gras aufgeworfen haben.

Auf diese Weise wurde das am Morgen des Vortages frisch geschnittene und tagsüber und über Nacht schon etwas welk gewordene Gras durchgeschüttelt und schön gleichmäßig auf der Grasnarbe verteilt. Diesen Arbeitsschritt hat man „Zätta" genannt. Das „Zätta" hat den von Wind und Sonne bereits eingeleiteten Trocknungsprozess beschleunigt. Ich kann mich noch gut an die vielen Tage im Sommer erinnern, an denen es manchmal so heiß und trocken gewesen ist, dass die Luft über den Feldern flimmerte. Am schnellsten trocknete das Gras immer dann, wenn zusätzlich zu den warmen Sonnenstrahlen auch noch der Wind ein bisschen geblasen hat.

Wenn solche Wetterlagen geherrscht haben, musste man allerdings immer mit Gewittern rechnen. Das hat Tätti natürlich gewusst und das ist auch heute noch immer so. Drum hat er sobald das Grass geschnitten war und am Boden gelegen ist, nie herumgetrödelt und am Mittag immer den Wetterbericht auf „Radio Vorarlberg" gehört, um früh genug reagieren zu können. Wenn dann wirklich ein Gewitter im Anmarsch gewesen ist und zu befürchten war, dass das fast trockene Gras vor dem zu erwartenden Regen nicht mehr in die Tenne gefahren werden konnte, hat man natürlich auch für diesen Fall Vorsorge getroffen, aber davon später.

Bevor Tätti den zuvor beschriebenen Heuwender hatte, haben wir diese Arbeit, also das „Zätta", immer von Hand verrichten müssen. Um eine Ahnung davon zu bekommen, wie viel Arbeit mit dem Heu machen von Hand verbunden war, als Tättĺ noch keinen Heuwender hatte, will ich das kurz schildern. Jeder auf dem Feld schnappte sich eine Heugabel, fuhr damit in das am Vortag abgemähte, schon welke, aber noch feuchte Gras, hob eine Gabel davon hoch und rüttelte es ein-, zweimal. Dann hat man die Gabel gekonnt umgedreht und das Grasbüschel mit der noch feuchten Seite nach oben, wieder auf den Boden zurückgeworfen. Wenn man den Dreh herausgehabt hat, ging das recht schnell. Diese Arbeit musste so lange getan werden, bis das ganze Feld bzw. das Gras darauf „gekehrt" – im Sinne von umgedreht – gewesen ist. Deshalb haben wir früher zu diesem Arbeitsgang „Keehra" gesagt.Das dauerte zwar immer viel länger als die zuvor geschilderte maschinelle Methode, aber ich bin immer sehr gerne mit zum „Keehra" gegangen. Erstens waren wir auf dem Feld alle zusammen und zweitens hat uns Großmamma in der Pause aus einem großen Krug mit Wasser verdünnten „Mòscht" zu trinken gegeben. Auch ich bekam davon immer einen ordentlichen Schluck.Sobald es zum „Keehra" ging mussten alle verfügbaren Hände ausrücken und mithelfen. Vor der Abfahrt warfen wir die Heugabeln auf den Wagen und nachdem alle aufgesprungen waren, hat uns das Pferd aufs Feld gebracht. Dort angekommen nahm jeder seine Heugabel vom Wagen und begann mit der Arbeit. Es war tatsächlich so, dass jeder seine ganz persönliche Heugabel hatte, weil die am besten in seinen Händen gelegen ist. So eine Heugabel war vom jahrelangen Gebrauch schon so gut eingearbeitet, dass der Eschenholzstil ganz glatt war und richtig geglänzt hat.Susi musste uns beim „Keehra" nur zuschauen und nicht mitarbeiten. Sie konnte in aller Ruhe Gras fressen und vor sich hin dösen. Das Einzige, was sie zu tun hatte, war uns nach getaner Arbeit wieder nach Hause zu ziehen.

Auch Ponso, unser bester Freund, konnte an solchen Tagen seiner Lieblingsbeschäftigung nachgehen und nach Wühlmäusen graben. Das war vielleicht lustig! Sobald wir Buben ein Mausloch in der Erde entdeckt hatten, mussten wir nur laut „Ponso!" rufen und schon war er zur Stelle. Wir zeigten ihm das Mausloch und er begann sofort und ohne Unterbrechung, wie ein Verrückter mit seinen Vorderpfoten scharrend, einen Gang freizulegen. Wenn man ihm beim Buddeln zugeschaut hat, hätte man meinen können, in seiner Ahnentafel habe es auch Erdmännchen gegeben.Er schaufelte das Erdreich in einem Höllentempo nach hinten und warf es dabei zwischen seinen Hinterpfoten hindurch. Wenn wir uns allzu neugierig auf die Knie niedergelassen haben, um ihm beim Graben zuzuschauen, hatten wir die Erde auch schon mal im Gesicht. Ponso hat sich nämlich oft ganz abrupt und ohne Vorwarnung um hunder-

tachtzig Grad gedreht, um von der anderen Seite des
Lochs weiter zu graben, und schon flog uns der Dreck
um die Ohren. Zwischendurch steckte er immer wieder seine Schnauze in den bereits freigelegten Gang
und zog die Luft mit einem Geräusch ein, das sich wie
lautes Schnarchen anhörte. Dann dauerte es meistens
nicht mehr lange und er hatte das Nest mit den kleinen, vollkommen nackten und noch blinden Mäusebabys freigelegt. Das Nest war in der Regel etwa achtzig Zentimeter vom Eingang des Mauslochs entfernt,
etwa zwanzig oder dreißig Zentimeter unter der Erde
und mit Heu gepolstert. Im Nest lag meistens ein halbes Dutzend oder mehr kleine vier bis fünf Zentimeter lange Mäuschen. Sie waren unbehaart, hatten eine
rosarote Haut und ihre Augen waren geschlossen. Sie
waren also noch vollkommen blind und haben sich
kaum bewegt. Ihre Mutter hatte natürlich längst das
Weite gesucht und war durch einen Notausgang ge-
flüchtet.Zur Stärkung und um sich selbst noch rasch
für die getane Arbeit zu belohnen, verdrückte Ponso
eines oder zwei der nackten Mäusebabys. Die restlichen interessierten ihn nicht mehr und uns Buben
auch nicht. Um sie haben sich wahrscheinlich schon
bald die schlauen Krähen gekümmert, die ohnehin
immer alles kontrolliert und beobachtet haben. Die
Krähen sind meistens auf den hohen Stromleitungs-
masten oder auf den in luftiger Höhe durchhängen-
den Starkstromleitungen gesessen, deren monotones

Summen in der Hitze des Sommers gut zu hören war. Wo wir gerade bei den Wühlmäusen sind, möchte ich noch kurz auf eine andere Art von Feldbewohnern zu sprechen kommen und von den überall unter der Oberfläche arbeitenden Maulwürfen berichten. Was sie unter der Erde angestellt haben, kann ich nicht sagen, weil ich nie einen lebenden Artgenossen zu Gesicht bekommen habe, den ich hätte fragen können. Das einzige Exemplar, das ich einmal in der Hand, hatte war leider schon tot. Dieser tote Maulwurf – Tätti sagte, es sei ein „Schäär" – hatte ein schwarzes samtiges Fell, eine rosafarbene spitze Nase und große breite, ebenfalls rosafarbene Vorderpfoten, die wie kleine Hände ausgesehen haben. Man konnte dem Tierchen ansehen, dass es in seinem Leben sehr fleißig gewesen war und viel gearbeitet haben musste, weil es einen kräftigen Körperbau gehabt hat.

Maulwürfe sind sehr nützliche Erdbewohner, weil sie nur tierische Nahrung zu sich nehmen und deshalb zu den größten Gegnern der von uns als „Schädlinge" bezeichneten Mitbewohner gehören. Warum sie Röhren und Gänge ins Erdreich buddeln, um an sie zu gelangen und nicht einfach draußen warten, bis ihre Nahrung von selbst ins Freie kriecht, weiß ich nicht. Was ich aber mit eigenen Augen schon oft gesehen hatte, waren die kegelförmigen Erdhaufen, die von den Maulwürfen beim Buddeln im Erdreich angehäuft werden. Da kann es schon mal vorkommen, dass man auf einer am Vortag noch unberührten Wiese von einem Tag auf den anderen mehr als ein Dutzend davon zu sehen bekommt.Diese Erdhaufen scheinen Tättì immer gestört zu haben, weil er, sobald eine genügend große Anzahl davon zu sehen waren, auf seinem Fahrrad und mit einem Rechen bewaffnet aufs Feld gefahren ist. Dort hat er einen nach dem anderen buchstäblich dem Erdboden gleich gemacht. Ich habe natürlich jede Gelegenheit genützt, ihm mit dem alten Fahrrad von Großmamma nachzufahren, in der Hoffnung, endlich einmal einen dieser kleinen Bergarbeiter bei seiner Arbeit beobachten zu können, was mir aber nie gelungen ist.

Mein Freund „Ponso"

Ponso war ein sehr gutmütiger Mischlingshund und der eine oder andere seiner Vorfahren musste wohl zur alten Rasse der Pulis gehört haben. Pulis sind ungarische Hirtenhunde. Wessen Blut sonst noch in seinen Adern geflossen ist, konnte man nicht mehr eruieren und es war uns auch völlig gleichgültig.Das machte ihn zwar zu einem so genannten „Straßen-kreuzer", aber er war wohl gerade deswegen sehr gelehrig und unglaublich anhänglich. Ponso war immer zum Spielen aufgelegt. Er machte auf unser Kommando Männchen und gab uns seine Pfote. Auch Bellen konnte er sehr laut und man kann wirklich sagen, dass er sich neben Tättì als der zweite Chef des Bauernhofs gefühlt hat. Ponso, mein Bruder und ich waren unzertrennlich, ein richtiges Trio. Er war mehr als die anderen unserer Tiere Teil der Familie. In der Küche hatte er seinen Platz unterm Küchentisch zu Füßen Tättìs. Wir Buben haben uns oft zu ihm unter den Tisch auf den Boden gelegt, um ihn ausgiebig zu streicheln. Dann legte er sich gleich auf den Rücken und genoss unsere Streicheleinheiten. Davon konnte er nie genug bekommen.

Ponso hatte ein schwarzes Fell mit einigen grauen Strähnen um die Schnauze und auf der Brust. Sein langes lockiges Haar verfilzte nie und wenn er uns nachgerannt ist, haben seine Ohren wie Flügel geflattert. Dass er kaum aus seinen Augen gesehen hat, weil seine Augenbrauen so lang gewesen sind, schien ihn überhaupt nicht zu stören. Wir haben Ponso überall hin mitgenommen und sobald wir mit ihm in der Küche angekommen waren, war sein erster Gang zu seinem Fressnapf. Immer wenn sich Tättì an den Küchentisch gesetzt hatte, war Ponso schon wieder auf seinem Platz unterm Tisch. Das musste ihm nie jemand sagen. Ponso wird uns in der einen oder anderen Geschichte sicher noch ein paarmal über den Weg laufen.

Der Kampf mit dem Kartoffelkäfer

Wie ich schon berichtet habe, hat Tàttì auch Kartoffeln angebaut. Kartoffeln gehörten damals neben Brot, Milch und vor allem Mais zu unseren Hauptnahrungsmitteln. Soweit ich mich erinnern kann, hat Tàttì wenig davon gehalten Geld für Insektenvertilgungsmittel auszugeben. Außerdem konnte oder wollte er sich das nicht immer leisten und darüber hinaus wusste er auch um ihre Schädlichkeit. So kam es dann immer wieder vor, dass wir, wie viele andere Bauern auch, auf dem Acker vom ungeliebten, um nicht zu sagen, allseits gehassten Kartoffelkäfer heimgesucht worden sind. Ausgewachsene Kartoffelkäfer sind sehr schöne, etwa einen Zentimeter lange Insekten, die auf ihren gelben Flügeldecken schwarze, dünne Längsstreifen haben.Sie selbst und vor allem ihre rosafarbenen Larven, die wie kleine, fette und gefräßige Raupen ausgesehen haben und an den Seiten und am Kopf kleine schwarze Punkte hatten, konnten manchmal zu einer richtigen Plage werden, weil ihr Hunger so groß ist, dass sie ganze Kartoffeläcker kahlfressen können. Sie verkriechen sich meistens, nachdem sie zwei oder drei Wochen am Fressen gewesen sind, wieder in die Erde, um sich dort zu verpuppen und für den Winterschlaf vorzubereiten. Um ihnen den Spaß zu verderben und um genau das zu verhindern, mussten wir ihnen irgendwie zuvorkommen. Also gingen wir regelmäßig auf den Kartoffelacker, um möglichst viele davon einsammeln zu können. Wenn es wieder einmal soweit war und Tättì die ersten Exemplare entdeckt hatte, sind wir alle zusammen ausgerückt. Beim Einsammeln haben wir schon nach kurzer Zeit ganz eigenartig riechende Hände gehabt.

Auf meine Frage, wo dieser unangenehme Geruch herrühre, meinte Tättì: „Sie schiessand ì d' Hòsa well sì Angscht davòr hond das m'rs in Bschüttìkaschta wòerfnd." Damit meinte, er das habe sicher damit zu tun, dass sie sich vor Angst anschissen, weil sie befürchteten, nach dem Einsammeln in der Jauchegrube zu landen. Heute weiß ich natürlich, dass sie zur Abwehr unserer Angriffe ein stinkendes Sekret abgesondert haben. Tättì hat ist bekannt dafür gewesen, alles möglichst schnell auf den Punkt zu bringen und nicht lange drum herum zu reden.

Äpfel, Birnen und Früchtebrot

Noch immer in guter Erinnerung sind mir die Äpfel und Birnen, die wir jeden Herbst zuhauf von den Bäumen hinterm Haus geerntet haben und natürlich auch die Zwetschgen im Hühnergarten. Vor allem ein alter, recht kleiner Apfelbaum, der die Sorte „Berner Rose" getragen hat, kommt mir gleich wieder in den Sinn. Seine Äpfel waren dunkelrot, dufteten herrlich und sobald man die dünne Wachsschicht auf der Schale abgerieben hatte, haben sie wunderbar geglänzt. Ich habe den sehr feinen Geschmack dieser Apfelsorte immer noch auf der Zunge, wenn ich daran denke. Da es sich bei diesen Äpfeln schon damals um eine alte Sorte gehandelt hat, wäre es ein reiner Zufall, wenn man sie heute noch irgendwo auftriebe. Meine bisherige Recherche blieb jedenfalls erfolglos.

Auch an die zwar kleinen, aber wunderbar schmeckenden, saftigen Pfirsiche kann ich mich noch gut erinnern. Dieses Bäumchen hat Tante Lore gepflanzt. Es wuchs ebenfalls im Hühnergarten an der südseitigen Hauswand neben dem offenen Schuppen, den wir noch vom Hühnermord kennen, und trug manchmal erstaunlich viele weißfleischige und sehr süße Früchte. Wir Buben haben sie in unserer Ungeduld oft viel zu früh probiert. Auch Walnüsse konnten wir im Spätherbst ein paarmal ernten. Ich durfte sie mit einem Hammer aufschlagen und Tante Lore hat daraus einen Nusskuchen gebacken. Dass der eine oder andere Kern beim Knacken der Nüsse zwischen meinen Zähnen gelandet ist, versteht sich von selbst.Großmamma war keine besonders großartige Süßspeisenköchin. Zum Backen hätte sie ja auch gar keine Zeit gehabt. Manchmal hat sie ein Zwetschgenkompott gemacht und ab und zu auch ein Apfel- oder Beerenmus. Äpfel hatten wir ja immer, einen Zwetschgenbaum gab es im Hühnergarten, Beeren holten wir am Rheindamm und Holunder ist hinterm Haus, an der Grenze zu unserem Nachbarn gewachsen. Die Früchte unseres Wasserbirnenbaumes hat sie, nachdem sie reif geworden waren, halbiert und im Backrohr des Herdes getrocknet. Sie hat sie zum Backen von Früchtebrot, vulgo „Biirabrot", gebraucht. So haben wir zu diesem Früchtebrot gesagt, das sie, wie sonst niemand auf der Welt, zu backen verstanden hat.Zu ihrem „Biirabrot" brauchte sie vor allem die von mir im Spätherbst geknackten Walnusskerne und unter Zugabe von getrockneten Feigen und Rosinen hat sie dann im Winter dieses wohl beste „Biirabrot" der nördlichen Hemisphäre gebacken. Jede einzige Scheibe davon, ordentlich mit selbst gemachter Butter bestrichen, war eine wahre Götterspeise! Gott sei

Dank, hat Tante Lore dieses Rezept in ihren Fundus übernommen und so bekam ich dann auch noch Jahre, nachdem Großmamma schon das Zeitliche gesegnet hatte, zur Weihnachtszeit immer das eine oder andere Wegglein.

Als wenn die auf unserem eigenen Grund und Boden geernteten Früchte nicht ausgereicht hätten, meinten wir manchmal, Äpfel aus Nachbars Garten stehlen zu müssen. Das hatte natürlich auch einen tieferen Grund. In diesem Garten ist nämlich ein Apfelbaum gestanden, der Äpfel der Sorte „Grafensteiner" getragen hat und der uns geradezu ideale Voraussetzungen geboten hat. Dieser Baum hatte nämlich einen sehr kurzen Stamm, bei dem die untersten Äste so niedrig hingen, dass man schon im Vorbeigehen und erst recht, nachdem man hinaufgeklettert war, ein paar dieser wunderbaren Äpfel ergattern konnte. Ich habe nur noch einen einzigen weiteren Baum gekannt, der ebenfalls Äpfel dieser herrlich duftenden und so unvergleichlich aromatischen Sorte getragen hat und der ist in Fussach hinterm Haus meiner Lieblingstante Nelde gestanden.

Ich war schon als Kind ein richtiger Glückspilz und hatte nicht nur einen Lieblingsonkel, sondern auch noch eine Lieblingstante. Tante Nelde war die jüngere Schwester meines Vaters und damit das Jüngste der sechs Geschwister. Die Äpfel ihres Grafensteinerbaumes waren, zur richtigen Zeit und am frühen Morgen frisch geerntet, so knackig saftig und herrlich süßsauer, dass mir schon beim Hineinbeißen der Saft aus den Mundwinkeln geronnen ist. Sie waren mit Sicherheit noch eine Spur besser als die unseres Nachbarn, aber Tante Neldes Grafensteiner waren für uns in Mäder leider nicht erreichbar.

Der Birnbaum und seine „Hutzili"

Noch einen Baum, der in unserer Nachbarschaft gestanden ist und leider Gottes wie so viele seiner Lei-
densgenossen schon vor vielen Jahren gerodet worden ist, hatte es mir angetan. An ihm sind wir immer
vorbeigelaufen, wenn wir uns auf dem Weg ins Dorf
oder zum Gasthaus Krone befunden haben. Dieser
alte Birnbaum ist am linken Straßenrand in einer
recht kleinen Bündt gestanden. Seine Krone ragte
weit über das Dach des Hauses, in dem seine Besitzerin, die Nachbarin von Onkel Eduard und Tante Lina,
gewohnt hat, hinaus. Das war eine freundliche, alte
Frau, die uns immer erlaubt hat, die kleinen Birnen
aufzusammeln, die, nachdem sie reif geworden waren, ganz von selbst heruntergefallen sind. Der Baum
war so riesig und die untersten Äste so weit oben, dass
wir ohnehin nie hinaufzuklettern imstande gewesen
wären. Und er hat meistens Unmengen von kleinen
Birnen getragen, zu denen man „Hutzili" gesagt hat.

Woher dieser Name kommt und wie die biolo-
gisch korrekte Bezeichnung gelautet hätte, weiß ich
natürlich nicht. Ich habe auch später nie mehr derar-
tig kleine Birnen gesehen. Die Birnchen waren, ohne

Stiel, maximal drei Zentimeter lang und an der breitesten Stelle vielleicht zweieinhalb Zentimeter dick. Sie waren vor allem ungemein süß. Jedenfalls durften wir von diesen winzigen Birnchen, ohne zu fragen, so viele, wie wir sammeln konnten, mit nach Hause nehmen.

Diese kleinen Birnchen zeichneten sich durch eine Besonderheit aus. Sie sind nämlich, sobald sie überreif geworden am Boden gelegen sind, nicht etwa schnell verfault, sondern ihr zuvor weißes Fruchtfleisch verfärbte sich zuerst einmal braun. Nach ein paar Tagen veränderte sich seine Konsistenz und sie sind im Inneren „gummig" geworden. In diesem Reifezustand schmeckten sie süßer als Honig. Großmamma sagte auf meine Frage, was denn da passiert sein könnte, sie seien „tòag" geworden, es handele sich in diesem Reifezustand, also um „tòagì Biirìlì". Sie meinte damit: teigige Birnchen. Vermutlich wollte sie den Zustand beschreiben, der bei gewissen Sorten und unter bestimmten Bedingungen vom Zeitpunkt der Überreife bis kurz vor dem Einsetzen der Fäulnis eintreten kann. Diese kleinen „tòagì Biirìlì" genannten Früchte haben uns natürlich ebenso so gut geschmeckt wie den zahlreichen Wespen, mit denen wir uns darum gestritten haben. Und diese Biester kamen zu hunderten angeflogen. Sie sind ziemlich aggressiv gewesen und steckten ihre Rüssel gierig in jede Frucht. Wenn wir gemeint haben, den gebührenden Respektsabstand nicht einhalten zu müssen, oder versehentlich barfuß auf eine getreten sind, haben sie uns rücksichtslos und ohne Vorwarnung gestochen. Nach höchstens zwei Wochen war das große Fressen wieder vorbei und unterm „Hutzilìbòmm" breitete sich ein Teppich aus nach und nach verfaulenden und nahezu unkenntlich gewordenen Früchten aus.

Ponsos Tod

Eines Tages, zwischen den viel zu kurzen Ferien und
nachdem ich von der Schule nach Hause gekommen
war, bemerkte ich am Gesichtsausdruck meiner Mutter, dass etwas Unangenehmes geschehen sein musste.
Ich brauchte auch nicht lange zu warten, da sagte sie
schon: „Ponso ist tot!" Das traf mich wie ein Hammer
und als ich nachfragte, wie das denn passiert sei, ant-
wortete sie, dass man ihn vermutlich vergiftet habe.
Ich konnte mir gar nicht vorstellen, dass jemand einen Grund gehabt haben könnte, ausgerechnet Ponso auf diese Art aus dem Weg zu räumen!An diesem
traurigen Tag hatte ich keine Lust aufs Mittagessen,
weil mir der Hunger vergangen war, und so verzog ich
mich ins Kinderzimmer. Ich legte mich aufs Bett und
gleich gingen mir viele Gedanken durch den Kopf.
Ich sah Ponso vor mir, wie er uns immer freudig ent-
gegengerannt ist, sobald wir auf dem Hof angekommen sind oder wenn uns Tättì mit dem Pferdefuhrwerk in Götzis abgeholt hat. Dann rannte er bellend
und mit auf und ab hüpfenden Ohren auf uns zu und
sprang abwechselnd an uns beiden hinauf. Dabei we-
delte er wie verrückt mit seinem buschigen Schwanz

und warf meinen kleinen Bruder immer beinahe um. An seinem Bellen konnte man nämlich ganz genau hören, ob er einen sympathisch fand oder nicht.Diese Nachricht hat mich damals tief getroffen und auch als der erste Schock vorbei gewesen ist, habe ich noch eine ganze Weile darunter gelitten. Mir ist noch in guter Erinnerung, dass Tättì bald darauf einen anderen Hund bekommen hat, ebenfalls einen Mischling. Der sah ganz anders aus als Ponso. Einer seiner Vorfahren musste wohl ein Schäferhund gewesen sein. Er hatte ein glattes, hellbraunes Fell und aufrechtstehende, spitze Ohren. Auch er war ein lieber Kerl, mit dem wir uns schnell angefreundet haben, aber an Ponso kam er nicht heran und – ehrlich gesagt – ich kann mich nicht einmal mehr an seinen Namen erinnern.

Die Heuernte oder
Onkel Arnold, der Cowboy

Immer wenn das geschnittene Gras trocken genug gewesen ist, hat uns Tättì auf dem Pferdewagen mit aufs Feld genommen, um das Heu zu ernten. Alle verfügbaren Leute mussten mitkommen. Immer dabei waren meine Großeltern, Tante Lore, meistens Onkel Arnold und natürlich wir Buben. Ab und zu war auch mein Vater dabei, der mit seinem Moped aus Hard gekommen war, und manchmal kam sogar meine Mutter dran, wenn sie es versäumt hatte, früh genug den Heimweg anzutreten, nachdem sie uns bei den Großeltern abgegeben hatte.Heurechen, Heugabeln und der so genannte Wìisbòmm, mit der zum Festzurren und Sichern der Ladung benötigten Kette, und das lange starke Seil zum Festzurren des Wìisbòmms wurden aufgeladen. Was unter dem Begriff „Wìisbòmm" zu verstehen ist, erkläre ich später. Nachdem alles aufgeladen war, setzte sich die ganze Mannschaft auf den Wagen. Großmamma und Tante Lore sind oft lieber mit dem Fahrrad gefahren.

Vor der Abfahrt hat Tättì wie immer noch einen prüfenden Blick aufs Pferdegeschirr geworfen. Dann ist auch er auf den Wagen gehüpft. Mit einem lauten „Hüa" ging's los.Das Pferd ist immer so in den Wagen eingespannt worden, dass sich die Deichsel an seiner rechten Flanke befunden hat. Tättì saß deshalb genau hinter ihm auf der linken Seite des Wagens und ließ beide Beine herunterbaumeln, genauso wie man es macht, wenn man sich auf eine Tischplatte setzt und die Füße hinunterhängen lässt.

Damals hatte sich Tättì schon ein wenig modernisiert. Unser Wagen hatte bereits gummibereifte Räder. Die alten Leiterwagen, die ihren Namen von den schrägen Seitenwänden hatten, die wie Leitern ausgesehen haben, fuhren noch auf Holzrädern, auf die zur Verstärkung und zum Schutz eiserne Reifen aufgezogen waren. Die hölzernen Speichen sind in einer Nabe aus Holz zusammengelaufen. Meistens hat man dafür Eschenholz verwendet, das ist zäh und langlebig. Das habe ich schon damals gewusst, weil mein Vater für mich einmal einen verleimten Bogen aus Eschenholz gemacht hat und so etwas hat damals jeder Indianer gebraucht!Diese Leiterwagen sind recht bald auch von anderen Landwirten ausgemustert und durch Wagen mit gummibereiften Rädern ersetzt worden. Das war natürlich für unser Pferd eine spürbare Erleichterung, weil der gummibereifte Wagen viel leichter gelaufen ist und die Räder beim Befahren eines Feldes im weichen Boden nicht so tief eingesunken sind wie die schmalen eisenbereiften

Holzräder eines Leiterwagens.

An einen ganz besonderen Tag erinnere ich mich noch sehr genau. Es war an einem heißen Nachmittag und die Luft flimmerte über den Wegen. Das am frühen Morgen des Vortages geschnittene Gras war schon zu Heu geworden und sollte in die Tenne gebracht werden. Alles lief wie am Schnürchen. Weil man auf dem Wagen, nachdem er mit Heu beladen worden ist, keinen Platz mehr gehabt hätte, sind Tätti, Großmamma und Tante Lore mit ihren alten, rostigen Fahrrädern gefahren. Onkel Arnold hat Pferd und Wagen gelenkt. Mein Bruder und ich kletterten auf das Fuhrwerk und durften mitfahren. Vater, der mit seinem Moped von Hard gekommen war, ist vorausgefahren. Tätti, Großmamma und Tante Lore führten auf ihren Fahrrädern noch eine Heugabel mit.Das machte man so, dass man den äußeren Zinken der Gabel oberhalb der Radnabe des Hinterrades, hinter dem rechten oder linken Teil des Rahmens eingehängt hat und anschließend das Stielende der Heugabel auf dem Lenker auflegte. So wurde man beim Lenken des Fahrrades in keiner Weise behindert.Auf dem Feld angekommen, lehnten sie ihre Fahrräder an den Apfelbaum neben dem Feldweg und begannen damit, das herrlich duftende Heu in lange Reihen, wir sagten dazu „Mahda", zusammenzuschieben. Das hat man deshalb gemacht, weil man mit dem Fuhrwerk zum Beladen zwischen zwei Mahden gefahren ist, um es von beiden Seiten zu beladen. Nachdem wir mit dem „Määhdla" fertig waren und vier oder fünf lange Reihen schön zusammengeschobenes Heu auf dem sauber abgeernteten Feld gelegen sind, ist Onkel Arnold gleich zwischen die ersten beiden Mahden gefahren. Wir hörten ein lautes „Üüh" und das Pferd blieb stehen. Tättì kletterte auf den Wagen, Onkel Arnold sprang herunter und hat gleich bei der ersten Mahd damit begonnen, das Heu zusammenzuschieben. Sobald er einen großen „Schùebl" Heu – das ist ein großes Büschel – mit seiner Heugabel aufgespießt hatte, hob er es auf den Wagen. Diesen Vorgang hat man „Gaabla" genannt. Beim „Gaabla" brauchte man Routine und musste vorsichtig sein, damit man Tättì nicht verletzt hat, wenn der einen „Schùebl" entgegengenommen hat.

Manchmal, wenn wir Buben Dummheiten im Kopf gehabt haben, was eigentlich immer der Fall gewesen ist und wir Onkel Arnold bei der Arbeit im Weg gestanden sind, warf er das riesige Büschel Heu, statt es Tättì auf den Wagen zu heben, auf unsere Köpfe und deckte uns damit komplett zu. Dann hatte er wieder eine Zeit lang Ruhe vor uns, weil wir uns das Heu aus Gesicht und Haaren klauben mussten und eine ganze Weile gebraucht haben, um uns von den unzähligen Heublumen unterm Hemd zu befreien. Die Grassamen im Heu blieben auf der schweißnassen Haut kleben und die fing schnell an zu jucken.

Onkel Arnold war immer zu Späßen aufgelegt, hatte Kraft wie ein Stier und konnte arbeiten wie ein Pferd. Ich habe ihn nie ungehalten gesehen und er war immer da, wenn er gebraucht wurde. Er war eben, wie man sich seinen Lieblingsonkel wünscht, Vorbild und Idol in einem.

Damit mit der Ernte schnell begonnen werden konnte, war Tättì also gleich auf den Wagen geklettert, sobald Onkel Arnold zwischen die ersten beiden Mahden gefahren war. Auf dem Wagen nahm er mit den ausgebreiteten Armen die „Schùebl" Heu ab, die mein Onkel und mein Vater hinauf gegabelt haben. Jeder der beiden kümmerte sich um seine Mahd. Tättì bekam deshalb von beiden Seiten „Schùebl" hinaufgereicht und hatte nie Pause. Er platzierte einen nach dem anderen sorgfältig so auf dem Wagen, dass er nicht herunterrutschen konnte. Dabei achtete darauf, dass alle in der Wagenmitte zusammengehalten haben. Das erreichte er, indem er abwechselnd einen der großen und recht schweren Heubüschel rechts und links auf den Boden gelegt hat und den dritten in die Mitte. Dabei achtete sorgfältig darauf, dass er mit dem dritten „Schùebl" die beiden ersten links und rechts etwas überlappt hat, dann drückte er sie zusammen. Nachdem der letzte „Schùebl" auf dem Wagen gelandet war, hatte man das Fuder Heu beisammen.Um auch das letzte Restchen Heu in die Tenne zu bekommen, sind Großmamma und Tante Lore unermüdlich mit dem Heurechen über das abgeerntete Feld gelaufen. Immer wenn der Rechen voll gewesen ist, schoben sie ihn auf eine Mahd und begannen an einer neuen Stelle, das restliche Heu zusammenzurechen. Sobald die beiden mit ihrer Arbeit fertig gewesen sind, schaute das Feld richtig sauber aus. Das hat mir immer gut gefallen. Bei allen hat sich dann das befriedigende Gefühl eingestellt, gute Arbeit geleistet und damit für den Winter vorgesorgt zu haben.

An diesem Tag war – wie gesagt – auch mein Vater mit seinem Moped nach Mäder gekommen, weil er von der bevorstehenden Heuernte gehört hatte. Heuarbeit kannte er aus seiner Jugendzeit, da auch seine Eltern, lange bevor ich auf die Welt gekommen bin, eine Landwirtschaft betrieben hatten. Deshalb ging dieses Mal alles recht schnell. Jeder der beiden Gabler musste sich nur auf seine Mahd konzentrieren und nicht einer allein hatte alles Heu zu laden. Und das war auch gut so, weil man es in der Ferne schon donnern hören konnte und sich der Himmel zu verdunkeln begann. Ein Gewitter war im Anzug und das Heu sollte natürlich nicht nass werden. In weniger als einer Stunde war der Wagen beladen und wir hatten ein großes Fuder Heu mit etwa zweieinhalb Metern Höhe zusammenbekommen. Wäre man jetzt gleich losgefahren, ohne die Ladung fachmännisch zu sichern, wäre sie mitsamt Tättì sofort heruntergefallen, sobald das Pferd zu ziehen begonnen hätte, und die ganze Arbeit wäre vergebens gewesen.

Deshalb kam nun der eingangs erwähnte „Wìisbòmm" zum Einsatz, den Onkel Arnold neben dem Apfelbaum auf den Boden geworfen hatte. Ein „Wìisbòmm" ist ein etwa fünf oder sechs Meter langes und etwa zehn bis zwölf Zentimeter starkes, gerade gewachsenes Fichtenstämmchen, an dessen vorderem, dickerem und zur Deichsel zeigendem Ende ein eiserner Haken eingeschlagen ist. Onkel Arnold hob den „Wìisbòmm" auf und lehnte ihn ans Fuder, damit Tättì ihn hinaufziehen konnte. Auf dem noch losen Fuder Heu wurde er nun mit dem vorderen Ende, an dem sich der Haken befunden hat, zur Deichsel hin abgelegt. Das dünnere Ende des „Wìisbomms" zeigte nun nach hinten. Jetzt konnte Tättì ihn möglichst genau in der Mitte der Ladung ausrichten und darauf achten, dass er vorne und hinten ein Stück über das Fuder hinausragte. Dann hob er ihn am hinteren Ende auf seine Schulter, damit er vorne, wo der Haken eingeschlagen war, nach unten geneigt war. Onkel Arnold nahm die Kette, befestigte sie auf der Seite des Wagens, wo das Pferd eingeschirrt war, zog sie hinter dem Haken über den „Wìisbòmm" und musste sie nur noch auf der anderen Seite des Wagens wieder einhängen. Jetzt konnte Tättì den „Wìisbòmm" wieder fallen lassen. Er überprüfte nochmals, ob er schön mittig zu liegen gekommen war und zog das Seil, das

Onkel Arnold inzwischen über das hintere, etwa einen halben Meter hinausragende dünnere Ende des „Wììsbòmms" geworfen hatte, zu sich her ans Ende des Fuders. Mein Vater führte das Seilende durch einen dafür vorgesehenen Ring an der Seite des Wagens und dann zogen die beiden Männer das Seil so straff, dass der „Wììsbòmm" etwa einen halben Meter tief ins Heu gedrückt worden ist. Während Onkel Arnold das Seil straff gehalten hat, ist Tättì auf den „Wììsbòmm" gesessen, um den Druck noch zu verstärken. Jetzt konnte Vater das Seilende am Wagen festzurren und die Ladung war gesichert. Nun musste Tättì nur noch vom doch ziemlich hohen Fuder herunterrutschen. Jetzt waren wir anderen gefragt. Alle mussten mithelfen, den schwer gewordenen Wagen aus dem Feld hinaus über die kurze Böschung auf den Feldweg hinaufzuschieben.Die Trassen der Feldwege, als einzige Zufahrt zu den rechts und links davon liegenden Feldern und Äckern, lagen immer ein bisschen höher, damit sie bei Regen nicht überschwemmt worden sind und möglichst trocken blieben. Nachdem ein Feld abgeerntet oder das Heu aufgeladen war, musste man deshalb eine kurze Böschung hinauffahren, um auf den Feldweg zu gelangen. Das war auch bei unserem Feld so. Onkel Arnold redete dem Pferd gut zu und ermunterte es, sich ins Zeug zu legen, während die anderen ihre Heugabeln seitlich und hinten in die Ladung Heu gesteckt und mit aller Kraft geschoben haben. Mit einem gewaltigen „Hauruck" warf sich das Pferd ins Geschirr und zog den Wagen über die flache kurze Böschung hinauf auf den holprigen schmalen Feldweg. Geschafft! Dann schubste Onkel Arnold meinen Bruder und mich auf das Fuder hinauf und wir purzelten in die in der Mitte des Fuders entstandene Grube – ‚'s Grääbli" – auf den „Wìsbòmm", auf beiden Seiten durch Heu geschützt. Nun konnte es losgehen und das Pferd schien schon ganz ungeduldig darauf zu warten, endlich wieder nach Hause in den Stall zu kommen. Vielleicht spürte es auch nur das bereits heranziehende Gewitter.Susi, unsere Haflingerstute, meinte wahrscheinlich, sie müsse sich ausgerechnet dann ganz besonders ins Zeug legen, wenn die Last groß und schwer gewesen ist. Mir schien als hätte sie den Ehrgeiz gehabt, allen zu zeigen, dass ihr nichts zu viel wurde. So war es auch diesmal. Onkel Arnold war gerade vorne auf die Deichsel gestiegen und suchte dort Halt. So wollte er das Pferd lenken, als sich Susi schon ins Geschirr legte und zu ziehen begonnen hat.Neben dem Pferd herzulaufen und es am Zügel zu führen, war kaum möglich, weil der Feldweg gerade mal breit genug für das Fuhrwerk war. Es von der rechten Seite des Weges aus zu führen war viel zu gefährlich, weil man bei einem Sturz sofort unter den Wagen geraten wäre und außerdem wäre die Deichsel im Weg gewesen. Onkel Arnold stieg also dort auf die Deichsel, wo sie mit der

Vorderachse des Wagens verbunden gewesen ist. Mit einer Hand hat er sich an der Kette festgehalten, mit der der „Wììsbòmm" gespannt worden war. In der anderen hielt er die Zugleinen, um das Pferd zu führen. Er musste Susi gar nicht zum Ziehen auffordern. Das Pferd spürte selber, dass es so weit war, und ließ sich kaum zügeln. In ihrer ungestümen Art versuchte Susi immer wieder, vom Schritt ins Traben zu kommen, was natürlich wegen der Schwere der Ladung kaum möglich war. Also probierte sie, zwischendurch einen Sprung in den Galopp zu machen, und das alles auf dem schmalen, holprigen Feldweg. Nachdem wir etwa hundert oder zweihundert Meter zurückgelegt hatten, riss plötzlich eine der beiden ledernen Zugleinen, mit denen Onkel Arnold das Pferd ziemlich straff im Zaum gehalten hatte. Susi ließ sich nun nicht mehr zügeln, weil ihr sonst die Trense aus dem Maul gerissen worden wäre und weil Susi auf Grund der gerissenen, zweiten Leine keinen Zug mehr über die Trense verspürt hat, versuchte sie sofort, in den Galopp zu springen. Onkel Arnold konnte das Pferd mit nur einer Zugleine nicht mehr führen.

Das war eine ziemlich kritische Situation! Schließlich war die Einfahrt zur Hauptstraße nur noch etwa hundertfünfzig Meter entfernt. Hätte das Pferd diese Einfahrt im Galopp genommen, ohne dass es Onkel Arnold gelungen wäre, es zuvor anzuhalten, wäre das Fuder Heu beim Einbiegen in die Straße und mit mei-

nem Bruder und mir oben drauf, ganz sicher umge-
fallen. Wir Buben lagen nämlich hoch oben auf dem
Bauch im Heu und steckten unsere Köpfe vorne links
und rechts vom „Wììsbòmm" heraus, um ja nichts zu
verpassen. Was dann kam, kann man nur als zirkus-
reif bezeichnen! Wir konnten sehen, wie Onkel Arnold auf der runden, höchstens acht oder zehn Zentimeter breiten Deichsel zwei, drei Schritte nach vorne
machte und – als er neben Susi gestanden ist – wie ein
Cowboy auf ihren Rücken sprang. Dann griff er am
Kummet vorbei nach dem herunterhängenden Rest
der Zugleine, die noch am Ring der Trense befestigt
war. Erst jetzt ließ sich Susi zügeln und nach wenigen
Metern zum Stehen bringen. Die Zugleine war etwa
in der Höhe des Kummets durchgescheuert und gerissen. Wie ein Cowboy immer noch auf dem Rücken
des Pferdes sitzend, redete er beruhigend auf Susi ein
und ritt das nur noch kurze Stück Weg bis an die Einfahrt zur Hauptstraße. Dann stieg er vom Pferd und
legte die gerissene Zugleine übers Kummet, damit sie
nicht mehr im Weg war. Nun führte er Susi, neben
ihr her laufend, am Halfter nach Hause. Dass sich
Susi immer noch kräftig ins Geschirr gelegt hat, kam
ihm gerade recht. Wir mussten uns nämlich beeilen,
weil es immer öfter donnerte und der Himmel schon
richtig dunkel geworden war. Zuhause angekommen,
haben wir gesehen, dass das Tor zur Tenne schon weit
offen gestanden ist. Die Zufahrt zur Tenne stieg leicht

an und der Übergang zum Scheunenboden führte zusätzlich noch über eine kleine Schwelle, die ein oder zwei Zentimeter höher war als das Niveau der Zufahrt. Susi musste also noch ein letztes Mal eine kleine Kraftanstrengung auf sich nehmen, um das Fuder Heu mit etwas Schwung in die Tenne zu bekommen, wo es anschließend abgeladen werden konnte. Sie schien das zu wissen und als sie das offene Scheunentor bemerkt hat, begann sie schon wieder, ungeduldig zu ziehen. Onkel Arnold führte Susi immer noch am Zaumzeug und lenkte das Fuder gekonnt genau in der Mitte des Tores in die Tenne und drin war's!

In der Tenne wartete schon Tättì auf uns – die anderen waren ja schon längst mit ihren Fahrrädern zuhause angekommen –, spannte gleich das Pferd aus und nahm ihm das Kummet ab. Dann führte er es durch die Stalltüre am Ende der Tenne in seine Box und legte ihm eine alte Decke über den Rücken, die zu diesem Zweck immer in der Tenne gelegen ist. Zuerst musste sich das Pferd ein bisschen erholen und zur Ruhe kommen, weil es bei der anstrengenden Arbeit ja auch ordentlich geschwitzt hatte. Erst danach bekam es dann zu trinken. Kaum war Tättì wieder aus dem Stall zurück, begann es auch schon, wie aus Kübeln zu regnen. Wir waren richtig froh, dass wir das Heu im Trockenen hatten, und konnten beruhigt hinauf in die Küche gehen, um etwas zu trinken.

Mein Vater war mit seinem Moped natürlich der

Schnellste von uns allen und saß schon in der Küche. Auch mein Bruder war froh, dass alles so glimpflich abgelaufen ist, und hat sich gleich zu ihm gesetzt. Tante Lore und Großmamma haben ebenfalls schon auf uns gewartet.Nachdem wir uns alle in der Küche versammelt hatten, setzten wir uns an den Tisch, auf den Großmamma eine große Schüssel ihres, von uns allen so heiß geliebten Kässalats mit reichlich roten Zwiebeln darauf gestellt hatte. Daneben stand ein Krug „Mòscht" und ein großer Vierpfünder, ein Laib Weißbrot, den sie schon am Vortag aus Kriessern besorgt hatte, lag auch daneben. Salz- und Pfefferstreuer waren hergerichtet. Das war vielleicht ein Anblick! Jeder wird sich vorstellen können, dass wir wie hungrige Wölfe darüber hergefallen sind. Für uns Buben gab es natürlich – so wie fast immer – mit Wasser verdünnten „Holdrsaft".Nach dem Essen hatte sich das Gewitter verzogen und Vater trat die Heimreise an, weil er zum Abladen ja nicht mehr gebraucht wurde. Das konnten Onkel Arnold und Tätti auch ohne ihn erledigen. Für diese Arbeit brauchte es nur zwei Leute, mehr wären sich nur im Weg gestanden. Noch ein wenig müde vom guten Essen gingen wir wieder zurück in die Tenne und begannen damit, das Heu abzuladen und auf dem Heustock zu lagern.

Der Stich mit der Heugabel und
der Beinahe-Genickbruch

Wir wissen bereits, dass das hintere Drittel der Tenne durch einen losen, nur mit wenigen Nägeln befestigten Bretterboden mit der Decke überm Wagenschopf und der Stalldecke verbunden gewesen ist. Tättì nannte diese Konstruktion „Bòehnì". Auch diesen Begriff kennen wir ja schon. Die Bodenbretter der „Bòehnì" lagen, wie ich leidvoll erleben musste, auf drei zwölf Zentimeter breiten und achtzehn Zentimeter hohen Kanthölzern, die so lang gewesen sind, dass sie von einer Seite der Tenne bis zur anderen gereicht haben. An einer Seite sind sie auf dem Rand der Stalldecke, an der anderen auf der Decke überm Wagenschopf aufgelegen. Der dadurch entstandene Spalt zwischen der Unterkante der „Bòehni" und der Stalldecke mit dem darauf gelagerten Heu war folglich genau so breit, wie die Kanthölzer hoch waren. Das war natürlich beim schopfseitigen Teil der „Bòehnì" genauso. Weshalb ich das so genau beschreibe und warum ich ausgerechnet die auf der Stalldecke aufliegende Seite der Konstruktion erwähne, dazu komme ich später. Man konnte also, wenn man auf der „Bòehnì" gestanden ist, vom Heustock aus zum Strohballenlager über dem Wagenschopf hinüberwechseln. Das haben wir Buben auch häufig und bei jeder Gelegenheit getan. Beim Fangen spielen konnten wir nämlich von dort auf den leeren Wagen in der Tenne hinunterspringen und von diesem auf den Boden hüpfen, um in den Stall zu gelangen. Von dort gings ins Freie und anschließend wieder in die Tenne. Sobald wir über die Holzleiter an der Tennenwand auf die „Bòehnì" geklettert sind, konnte das Spiel von vorne beginnen.

Wieder einmal war es so weit, dass ein Fuder Heu zum Abladen bereit in der Tenne gestanden ist. Das Abladen ging so vor sich, dass Onkel Arnold zuerst die Seile, mit denen der „Wììsbòmm" gespannt worden war, gelockert hat. Dann nahm er ihn vom Fuder herunter und warf ihn auf den Tennenboden. Seile und Kette hängte er an den dafür vorgesehenen Platz an der Tennenwand. Nun kletterte er über die an der Tennenwand montierte Holzleiter auf die „Bòehnì" und sprang auf das Fuder hinüber. das Fuder ragte nämlich, nachdem das Heu nicht mehr vom „Wììsbòmm" zusammengepresst worden ist, sogar über die „Bòehnì" hinaus. Tättì wartete oben schon auf den ersten „Schùebl" Heu und reichte Onkel Arnold die Heugabel zum Abladen hinüber. Dann konnte es losgehen.Die ersten „Schùebl" konnte Onkel Arnold direkt aus etwa einem Meter Höhe auf die „Bòehnì" hinunterwerfen, so hoch war das Fuder geworden, nachdem der „Wìisbomm" entfernt worden war, und Tättì gabelte Büschel für Büschel Heu von der „Bòehnì" weiter auf den Heustock. Solange auf dem Heustock noch wenig Heu gelegen ist, ging das relativ leicht und er musste von Zeit zu Zeit nur das frische Heu auf dem Heustock verteilen, damit es überall etwa gleich hoch zu liegen gekommen ist. Für das Verteilen des Heus konnte man mich schon recht bald gebrauchen. Es hat mir richtig gutgetan, wenn ich mithelfen durfte. So ganz nebenbei habe ich auch immer versucht, das Heu ein bisschen zu verdichten, indem ich drauf herumgelaufen bin. Dazu haben wir „Hööschtaampfa" gesagt, sprich Heustampfen. Auf diese Weise ließ sich das Fassungsvermögen des Heustocks erhöhen. Sobald mein Bruder mitbekommen hatte, dass wir am Abladen gewesen sind, war er gleich zur Stelle und kletterte auf den erst etwa einen Meter hohen Heustock hinauf. Sofort begann er, darauf herum zu hüpfen, weil er ebenfalls „Hööschtaampfa" wollte.So ging das eine ganze Weile. Das Fuder Heu auf dem Wagen war schon deutlich niedriger geworden, als mich Onkel Arnold, der gerade eine kleine Pause eingelegt hatte, zu sich rief und mich fragte, ob ich auch einmal versuchen wolle, Heu vom Fuder hinauf auf die „Bòehnì" zu gabeln. Das freute mich natürlich, weil diese Arbeit eigentlich nur etwas für die „Großen" gewesen ist. Also rutschte ich vom Heustock herunter auf die „Bòehnì" und sprang von dort auf das schon beträchtlich kleiner gewordene Fuder. Das Fuder war mittlerweile so niedrig geworden, dass man bereits auf die jetzt etwa einen Meter höher gelegene „Bòehnì" hinaufgabeln musste. Natürlich konnte ich keine so großen „Schùebl" auf die Gabel nehmen wie Onkel Arnold. Tätti schien das gerade recht zu sein, weil auch ihm eine Pause gelegen kam. Also begann ich gleich mit dem Gabeln und kam auch recht gut voran. Die Heugabel war für mich ziemlich lang und die zum Teil manchmal noch dicht gepressten Heubüschel ließen sich nicht immer leicht aus dem Fuder herausziehen. Auch wenn meine „Schùebl" viel kleiner gerieten als die meines Onkels, brauchte ich doch etwas mehr Zeit als ein Großer. Tätti konnte also einen Gang zurückschalten. Um mir ein bisschen zu helfen, nahm er mir mit seiner Gabel die Büschel ab und trat dabei immer wieder etwas weiter an den Rand der „Bòehnì" vor. Mein kleiner Bruder, der ja immer noch auf dem Heustock herumtollte, nahm Tätti das hinaufgegabelte Heu mit seinen Armen ab und konnte es bei diesem reduzierten Arbeitstempo und den deutlich kleiner gewordenen „Schùebl", gemächlich verteilen. Es schien ihm sogar Freude zu machen, dass er mithelfen durfte. Übrigens: Die Bezeichnung „Schùebl" gilt gleichermaßen für Singular wie Plural.

Da ich mit meinen kurzen Armen noch nicht allzu hoch hinaufreichen konnte meinte ich, mit einem

„Schùebl" auf der Heugabel, noch einmal nachstoßen zu müssen, damit Tättì nicht so nahe an den Bühnenrand treten musste und rammte ihm dabei unglücklicherweise den mittleren Zinken meiner Heugabel in seinen Oberschenkel.Jeder der drei Zinken einer Heugabel ist aus Stahl und etwa vier Millimeter dick! Der Zinken meiner Heugabel war so weit in Tättìs Schenkel eingedrungen, dass er mir den Stiel der Gabel aus der Hand gezogen hat, als er zurückgewichen ist. Ich konnte sehen, wie er vor Schmerz sein Gesicht verzogen hat. Mit einem Ruck riss er sich die Gabel aus dem Schenkel und rief „Hannì!" und zwar so laut, dass man es ganz sicher bis auf die Straße hinaus hat hören können. Großmamma hat nämlich Johanna geheißen. Schon kam sie aus dem Plumpsklo gerannt, weil sie seinen Ruf bis in der Küche gehört hat und auf Grund der Lautstärke gleich geahnt hat, dass etwas Unvorhergesehenes passiert sein musste. Mittlerweile hatte Tättì das rechte Hosenbein seines Blaumanns bis über den Oberschenkel hochgezogen. Mir ist gleich aufgefallen, dass der fast schneeweiß gewesen ist, während seine Unterarme und sein Gesicht, so wie auch der dreieckige Ausschnitt unter seinem Hals von der Sonne braungebrannt gewesen sind. Ich konnte die Einstichstelle ein Stück oberhalb des Knies deutlich sehen! Als Tättì versucht hat, etwas Blut zwischen Daumen und Zeigefinger herauszudrücken, kam dann auch ein wenig davon zum Vorschein.

Großmamma erfasste sofort, was geschehen war, und noch während sie schon wieder kehrt gemacht hatte, sagte Tättì noch: „Brìng da Schnaps!" Er meinte natürlich nicht etwa zum Trinken, sondern zum Desinfizieren, aber das wusste Großmamma schon selber. Kaum verschwunden, war sie auch schon wieder da mit einem Tüchlein und der braunen Glasflasche, in der sie ihren ganz besonderen Schnaps aufbewahrt hatte. Dann rieb sie ohne Worte die schwach blutende Stichstelle mit ihrem Zaubertrank ein und nachdem sie ein paarmal kräftig hin und her gerieben hatte, meinte Tättì: „Ìscht schòa guat" und wandte sich mir zu. Ich beteuerte gleich, dass ich ihn auf keinen Fall absichtlich zu stechen beabsichtigt habe, und während ich noch am Beteuern war, sagte er ganz ruhig: „Geall, nòhìschteaha darfscht nìd, wenn d' Gabla tuascht, du siahscht jò, was passiera ka" – er meinte also „Du darfst beim Gabeln nie nachstechen, du siehst ja, was passieren kann" – und dann fragte er mich gleich darauf, ob ich Lust hätte weiter zu gabeln. Mir aber war die Lust dazu vergangen und es wäre mir lieber gewesen, wenn mein Onkel weitergemacht hätte. Onkel Arnold war während des ganzen Geschehens unten an der Tennenwand gelehnt und hatte, ohne einen Kommentar abzugeben, wortlos zugesehen. Ich war richtig froh, dass er sich gleich eingeschaltet und gemeint hat, er sei jetzt nach der Pause wieder frisch und ausgeruht und ich solle doch lieber wieder auf den Heustock klettern, schließlich brauche man ja oben auch jemanden und mein Bruder sei noch zu klein, um diese Arbeit alleine machen zu können. Das war mir mehr als recht und so ließ ich mich von Tättì wieder auf den Heustock hinaufschupfen, wo ich, wie schon zuvor, das von ihm hinauf gegabelte Heu gemeinsam mit meinem Bruder verteilte, solange bis das ganze Fuder Heu abgeladen war. Dann gab es auch für mich nichts mehr zu tun und ich reichte Tättì die Heugabel hinunter. Nun tollte ich noch ein wenig mit meinem Bruder auf dem Heustock herum und ließ mich immer wieder auf den Rücken in das herrlich duftende Heu fallen. Tättì räumte noch die auf der „Bòehnì" liegenden Heureste zusammen und warf sie zu uns auf den Heustock hinauf. Dann stieg er über die Leiter hinunter auf den Tennenboden. Onkel Arnold hatte inzwischen schon das auf dem Tennenboden liegende Heu, welches beim Abladen links und rechts vom Wagen heruntergefallen war zusammengenommen. Es roch herrlich nach frischem Heu und wir Kinder vergnügten uns auf dem Heustock damit, uns gegenseitig ins Heu zu schupsen oder Heu ins Gesicht zu werfen. Und dann passierte das, was ich schon in meiner ausführlichen Beschreibung der Tenne mit der „Bòehnì", also der Verbindung der beiden Decken über dem Stall und dem Wagenschopf angekündigt habe.

Beim Herumtollen mit meinem Bruder geriet

ich an den Rand des zur „Bòehnì" steil abfallenden Heustocks, der inzwischen eine Höhe von etwa ein-einhalb Metern erreicht hatte. Wer schon einmal von einem Heustock heruntergerutscht ist, weiß natür-lich, wie schnell das geht und wie rutschig frisches Heu sein kann. Genauso ist es mir ergangen, als ich in Richtung „Bòehnì" hinuntergerutscht bin. Ich ge-riet mit den Füßen voraus in den weniger als zwan-zig Zentimeter breiten Spalt zwischen der Stalldecke und der Unterkante der „Bòehnì". Das ging rasend schnell und weil ich mit ziemlichen Tempo in diesen Spalt gerutscht bin, konnte ich die Wucht des Falls mit meinen Händen nicht wirksam genug abmildern. Ich schlug mit dem Kinn auf der „Bòehnì" und mit dem Hinterkopf an der Oberkante der Stalldecke auf. Meine beiden Gehwerkzeuge und der Rest mei-nes Körpers hatten es durch den Spalt geschafft und waren schlicht und einfach durchgerutscht. Im ers-ten Moment glaubte ich, mir sei der Kopf abgerissen worden, so schmerzhaft war der Aufprall an Kinn und Nacken. So gut es ging, habe ich mich mit beiden Händen am Bretterboden der „Bòehnì festgehalten. Vom Hals abwärts hing ich in dem durch die Kant-hölzer unterm Bretterboden entstandenen Zwischen-raum und meine Beine baumelten ein Stück überm Tennenboden. Ich hatte keine Chance, mich selbst hochzuziehen. Tättì und Onkel Arnold standen noch in der Tenne und bekamen natürlich sofort alles mit, weil ich vor Schmerz und Angst laut geschrien habe. Mein Onkel erkannte sofort, was geschehen war und kletterte blitzartig die Leiter hoch. Von unten packte mich Tättì an den Beinen und schob mich ein wenig in die Höhe, damit er den Zug auf meinen Hals abmildern konnte. Onkel Arnold, auf der „Bòehnì" angekommen, packte mich sofort an den Schultern und zog mich ganz vorsichtig aus dem Spalt heraus. Ich war heilfroh, wieder auf meinen eigenen Beinen zu stehen und dieser grausamen Falle entkommen zu sein. Nachdem mich mein Onkel herausgezogen hatte, fragte er mich gleich, wo überall ich Schmerzen hätte. Ich hatte aber nur ziemlich starke Kopfschmerzen, nichts weiter. Dass ich eine arge Blessur am Kinn und einen ordentlichen Kratzer am Hinterkopf hatte, bekam ich erst später mit. Auf dem Weg in die Küche konnten wir, Gott sei Dank, gleich die Abkürzung übers Plumpsklo nehmen. Ganz nebenbei ließ Onkel Arnold noch meinen kleinen Bruder vom Heustock herunterrutschen und fing ihn mit seinen Armen auf. Dann gingen wir alle zusammen in die Küche zu Großmamma. Dort angekommen, übergab mich mein Onkel zur Behandlung und Großmamma befahl mir sofort, mich unverzüglich aufs Kanapee in der Stube zu legen. Kaum hatte ich mich hingelegt, war sie schon wieder mit ihrer braunen Glasflasche in der Hand zurück. Sie hat gleich damit begonnen, mir das Kinn mit Schnaps abzutupfen, was höllisch gebrannt hat. Dann schaute sie sich noch meinen Hinterkopf an und verschwand wieder in der Küche. Ich musste inzwischen das mit Schnaps getränkte Tüchlein selbst in die Hand nehmen und an mein Kinn halten. Kurz darauf kam sie wieder mit einem kleinen Topf kalten Wassers und einem größeren Tuch, welches sie in das Wasser tauchte. Nachdem sie es ein bisschen ausgedrückt hatte, legte sie es auf meinen Nacken und den Hinterkopf. Das war zwar ziemlich kalt aber ich merkte gleich, dass es mir wohltat. Nun sagte sie noch, ich solle ruhig liegen bleiben, sie käme bald wieder. Das war dann auch so und so wechselte sie mir mehrmals die kalte Kompresse. Mittlerweile waren auch meine Kopfschmerzen fast verschwunden und ich wollte wieder aufstehen. Das hat sie mir ziemlich forsch verboten und mir befohlen, mindestens bis zum Abendessen liegen zu bleiben, was ich schließlich befolgt habe. Alles in allem hatte ich doch einen ziemlich turbulenten Tag gehabt und ich bin wirklich froh gewesen, dass alles glimpflich verlaufen ist. Mir ist auch mehrfach durch den Kopf gegangen, dass es wohl gute Gründe dafür gegeben haben muss, schon bei der Planung des Bauernhauses einen direkten Zugang von der Küche übers Plumpsklo in die Tenne vorzusehen.

Die Pferdebremse und der Huftritt

Wo ich schon dabei bin, von erlebten Unfällen zu erzählen, kann ich gleich auch noch von einem weiteren Ereignis berichten. Es war Sommeranfang und wir hatten schon mit der ersten Heuernte zu tun. Tätti, Großmamma und ich waren mit dem Fuhrwerk gerade auf dem Feld angekommen. Das am Vortag schon frühmorgens geschnittene Gras war noch am Nachmittag bereits einmal gewendet worden und so gut wie trocken. Onkel Arnold hatte zugesagt, nach der Arbeit vorbeizukommen und beim Aufladen zu helfen. Tätti begann inzwischen, mit seiner Heugabel aus dem schon trockenen Gras Mahden zu machen. Großmamma fuhr wie immer mit dem breiten hölzernen Heurechen über das Feld, um ja nichts zu verschwenden und auch noch das letzte bisschen Heu in die Tenne zu bekommen.Es war drückend heiß und die Hitze flimmerte nur so überm Feld. Ich sah immer wieder schöne bunte Schmetterlinge herumflattern. Da waren Kohlweißlinge, Bläulinge, Zitronenfalter, Schwalbenschwänze und große Admiralfalter zu sehen und Bienen und Insekten summten in der Luft. Manchmal sah ich auch eine Libelle, der Rhein mit seinen wenigen Auen war ja nicht weit weg von unserm Feld. Viele der damals häufig vorkommenden Schmetterlinge habe ich danach nie wieder zu Gesicht bekommen. Großmamma trug wie immer ihr Kopftuch als Sonnenschutz und zog den Rechen unermüdlich auf und ab und hin und her.

Das Pferd hat natürlich so wie wir auch ebenfalls unter der Hitze gelitten. Überall hatten sich lästige Fliegen auf ihm niedergelassen. Immer wieder schüttelte es den Kopf, um die Plagegeister mit seinem langen Mähnenhaar zu vertreiben, und wischte wie mit einer Peitsche mit den langen blonden Schweifhaaren über seine Flanken. Dann sah ich von weitem wie Tättì plötzlich seine Heugabel in den Boden gesteckt hat und zu einem Strauch am Feldrand gegangen ist, um von einem Strauch eine Rute abzureißen. Die Blätter hat er drangelassen. Dann kam er auf mich zu und drückte mir die Rute in die Hand. Nun zeigte er mir, wie ich mit ihr die Fliegen auf dem Pferd vertreiben konnte, um ihm etwas Erleichterung zu verschaffen. Dann ging er wieder zurück zu seiner Gabel und riss sie aus dem Boden, um mit der Arbeit fortzufahren.Das mir zugewiesene „Bräamaweehra", so wurde diese wichtige Tätigkeit genannt, wollte ich, wie alles, was mir Tättì aufgetragen hat, so gewissenhaft wie nur möglich machen. Also lief ich immer wieder um das Pferd herum, um die lästigen Fliegen und „Bräama", so nannten wir die Bremsen, zu vertreiben. Das war natürlich nicht so einfach zu schaffen, weil sich die Fliegen sofort an einer anderen Stelle niedergelassen haben, sobald ich sie zu vertreiben versuchte. Ich machte die Arbeit trotzdem so gründlich wie möglich, weil ich ja dem Pferd helfen wollte, diese Quälgeister loszuwerden.Ich hatte keine Stelle auf seinem Fell ausgelassen und auch schon einige Fliegen und kleinere Bremsen mit der flachen Hand erschlagen können, als ich plötzlich ein Brummen in der Luft hörte. Dieses Brummen kannte ich und ich wusste sofort, dass hier eine große Pferdebremse im Anflug war. Dann hörte das Brummen abrupt auf und mir war sofort klar, dass sich die Pferdebremse just in diesem Moment irgendwo und von mir unbemerkt auf dem Pferd niedergelassen haben musste, um sich an seinem Blut gütlich tun zu können.Vorsorglich holte ich schon mal meine leere Zündholzschachtel aus der Hosentasche. Irgendein Schächtelchen habe ich immer bei mir gehabt, weil es oft eine schöne Raupe, einen interessanten Käfer oder etwas anderes zu finden gab, das ich darin mit nach Hause nehmen konnte. Ich habe immer wieder versucht, aus einer Raupe einen Schmetterling zu machen, konnte es aber nie erwarten, bis er endlich geschlüpft war. Das dauerte mir einfach zu lange.

Mit der Zündholzschachtel in der Hand schlich ich um das Pferd und weil ich die Bremse nirgends sehen konnte, bin ich unters Pferd gekrochen, um an seinem

Bauch nach dem Brummer zu suchen und da war er! Die Bremse maß mit Sicherheit mehr als zwei Zentimeter und saß genau zwischen seinen Vorderbeinen auf der Brust, sie war riesengroß und dunkelgrau.

Bremsen sind Blutsauger und beim Versuch, mit dem Rüssel die dicke Haut ihres Opfers zu durchdringen, um endlich an dessen Blut zu gelangen, lassen sie sich durch nichts beirren. Deshalb kann man sie leicht fangen, wenn sie sich in ihrem Blutrausch befinden. Also rutschte ich auf den Knien bis zur Brust des Pferdes vor und gerade, als ich mit meiner Hand zugelangt habe, bekam ich einen gewaltigen Hieb ins Gesicht. Ich bin unter dem Pferd herausgeflogen und etwa einen Meter daneben im Gras gelegen. An der linken Augenbraue hatte ich eine ordentliche Rissquetschwunde und ein Teil meines Lids hing über das Auge herunter. Mit diesem Auge konnte ich von einem Moment auf den anderen nichts mehr sehen, weil ich ziemlich stark geblutet habe. Mein Kopf dröhnte und ich hatte arge Kopfschmerzen. An die Bremse habe ich in diesem Augenblick weiß Gott nicht mehr gedacht! Sie war wohl die einzige Beteiligte an unserem Scharmützel, die ohne Schaden zu nehmen davongekommen ist. Den Pferdehuf, mit dem möglicherweise ihr Schicksal besiegelt worden wäre, hatte ja ich, wenn auch ungewollt, mit meinem Kopf als Stoßdämpfer abgefangen.

Großmamma musste mich wohl schon beobachtet

haben, als ich unter das Pferd gekrochen war, weil sie sofort angesprungen kam, nachdem mich das Pferd beim Versuch, die Bremse auf seiner Brust mit dem Hinterhuf wegzuwischen, getreten hatte. Mittlerweile hatte auch Tätti mitbekommen, dass etwas geschehen sein musste, setzte aber, ohne sich lang aufzuhalten, seine Arbeit fort. Nachdem ihm dann klar geworden war, dass es sich um etwas nicht Alltägliches zu handeln schien, wollte er, ohne etwa deshalb eigens herzulaufen, wissen, was denn passiert war. Großmamma rief ihm zu, dass ich vom Pferd getreten worden sei. Daraufhin hörte ich ihn zuerst einmal ziemlich laut fluchen, weil ihm natürlich sofort klar gewesen ist, dass er den Rest der noch nicht getanen Arbeit nun alleine zu bewältigen hatte. Gleich drauf rief er dann zurück Großmamma solle mit mir zum Arzt fahren.Weil ich am Kopf ziemlich stark geblutet habe und mir die losgeschlagene Augenbraue übers Auge herunterhing, zog Großmamma ihr verschwitztes Kopftuch von den Haaren, band es mir um Stirn und linkes Auge, setzte mich auf den Gepäckträger ihres Fahrrads und fuhr mit mir direkt nach Hohenems ins Krankenhaus, weil es damals in Mäder gar keinen Arzt gegeben hat. Wir waren, so kam es mir zumindest vor, ziemlich lang unterwegs und nachdem sie mich im Krankenhaus abgegeben hatte, war schnell klar, dass mir außer einer ziemlich großen Rissquetschwunde über der linken Augenbraue nichts weiter fehlte. Die Wunde musste natürlich genäht werden, damit Augenlid samt Augenbraue wieder an dem Platz zu hängen kamen, von wo sie von unserem Pferd losgetreten worden waren. Und weil ich immer noch ziemlich starke Kopfschmerzen hatte, wollte man mich ein paar Tage im Krankenhaus behalten. Der Tritt mit dem eisenbeschlagenen Pferdehuf hatte wahrscheinlich auch eine Gehirnerschütterung zur Folge und ich konnte wirklich von Glück sagen, dass mir das Pferd nicht den Schädel eingeschlagen hat. Zwei oder drei Zentimeter tiefer und mein Jochbein oder – schlimmer noch – mein Auge wäre dran gewesen. Der Tritt war wohl deshalb so wohldosiert gewesen, weil das Pferd mit seinem Hinterhuf Quälgeister, die sich an Brust und Bauch festgesetzt hatten, auf diese Weise vertreiben wollte, ohne sich dabei selber weh zu tun. Das wird mein Glück gewesen sein!

In der Zwischenzeit, während ich verarztet worden bin, hatte Großmamma auf mich gewartet. Als ich dann mit meinem Kopfverband aus dem OP geschoben wurde und nachdem man ihr erklärt hatte, dass ich zur Beobachtung dortbleiben müsse, bedankte sie sich beim Arzt für seine Arbeit und fuhr wieder zurück nach Mäder. Alles mit ihrem alten Fahrrad! So war das eben damals.

Die Nacht musste ich in einem Eisenbett mit Fahrgestell – es hatte Rädchen an den Beinen – auf dem Gang verbringen. Am nächsten Morgen schob

man mich in ein Zimmer, in dem schon vier andere Patienten – lauter ältere Männer – auf mich gewartet haben. Zum Frühstück bekam ich eine Tasse
Milch und eine dünne Scheibe Brot. Im Laufe des
Vormittags trat ein Arzt in weißem Mantel an mein
Bett und wollte wissen, wie es mir ginge und ob ich
Schmerzen hätte. „Schmerzen habe ich keine", sagte
ich ihm, „aber ich will so schnell wie möglich wieder
nach Hause!" Er meinte darauf, dass das leider nicht
so schnell ginge. Ich müsste auf jeden Fall warten, bis
man mir den Verband zum ersten Mal abgenommen
hätte. Das Mittagessen habe ich gar nicht angerührt.
Ich wollte nur so schnell wie möglich zurück zu meinen Großeltern, weil ich schreckliches Heimweh hatte. Im Krankenhaus roch es zudem ganz eklig nach
Spital. Das war ein Geruch, den ich noch nie zuvor
in die Nase bekommen hatte.Irgendwann am Nachmittag klopfte es an der Tür und mein Vater stand
da. Das war eine große Überraschung und ich habe
mich riesig gefreut. Er war extra mit dem Moped von
Hard nach Hohenems gefahren, um mich zu besu-
chen. Dann setzte er sich an mein Bett und ich musste
ihm ganz genau erzählen, was passiert war und wie
das geschehen konnte.Nachdem er schon eine Weile
bei mir auf dem Bett gesessen war, machte er seine
Tasche auf und holte eine große Papiertüte mit ganz
frischen Kläräpfeln heraus. Sie dufteten herrlich und
ich wusste sofort, dass Vater sie, so frisch und knackig

wie sie gewesen sind, vom Apfelbaum meiner Großmutter „Äla" gepflückt hatte. Äla war in Fussach zu
Hause. Ich verstaute gleich einen nach dem anderen
in der Lade meines Nachtkästchens. Nachdem Vater
wieder gegangen war, habe ich hintereinander drei
oder vier davon gegessen. Ich war ziemlich hungrig,
weil ich ja das Mittagessen verschmäht hatte.Ich kann
mich wirklich nicht daran erinnern, irgendwann im
Leben auch nur einmal noch so herrlich duftende und
knackige Kläräpfel gegessen zu haben. Wie und wann
ich nach meinem mehrtägigen Spitalsaufenthalt wieder nach Hause gekommen bin, weiß ich nicht mehr.
Ich kann mich nur noch dunkel daran erinnern, dass
meine Mutter genau zu jener Zeit in Ypps an der Do-
nau auf Kur gewesen ist. Warum sie das gebraucht
hat, weiß ich aber nicht.

Der Motorradunfall

Eine Geschichte gilt es der Vollständigkeit halber noch zu erzählen, damit ich meine Unfallserie abschließen kann. Ich will es kurz machen. Die Geschichte ereignete sich zu einer Zeit, als die alte Dorfstraße noch unmittelbar vor unserer Haustüre verlaufen ist. Obwohl es sich dabei um die Hauptverkehrsstraße von Altach nach Mäder und von hier weiter nach Götzis und Kriessern gehandelt hat, war sie noch nicht „geteert", wie wir damals gesagt haben. In den fünfziger Jahren des vorigen Jahrhunderts gab es auch noch nicht viele Autos. Ab und zu fuhr vielleicht einmal ein Motorrad an unserem Haus vorbei, manchmal sogar eines mit Beiwagen. Auf die Felder ist man damals mit dem Pferdefuhrwerk gefahren und ein Traktor war beinahe so selten wie ein Ufo. Ich weiß auch gar nicht mehr, ob es überhaupt eine Busverbindung nach Altach oder Götzis gegeben hat.

Man konnte sich auf der Straße also beinahe ebenso unbekümmert aufhalten wie in unserem Hühnergarten oder in der „Bündt". Zum Spielen sind wir aus dem Haus gerannt, ohne groß auf den ohnehin kaum vorhandenen Straßenverkehr zu achten.

Und trotzdem habe ich es geschafft, in ein Motorrad zu laufen, das ausgerechnet in dem Moment vorbeigefahren ist, als ich aus dem Haus gerannt bin. An den Aufprall selbst kann mich nicht mehr erinnern, nur noch daran, dass der Fahrer beim Abbremsen mit dem Motorrad gestürzt ist. Dann muss ich wohl einen Augenblick das Bewusstsein verloren haben. Aufgewacht bin ich auf dem Kanapee im Wohnzimmer – also in unserer „Schtùba". War das ein Auflauf! Meine Mutter, die beiden Großeltern und ein fremder Mann mit einer seltsamen Lederkappe in der Hand standen um mich herum und schienen richtig froh zu sein, dass ich ausgeschlafen hatte und wieder wach geworden war. Ich spürte einen nassen, kalten Waschlappen auf der Stirn und einen weiteren auf meinen Lippen, die ganz ordentlich gebrannt haben. Als ich etwas sagen wollte, konnte ich gar nicht richtig sprechen. Ich fühlte, dass meine Unterlippe stark geschwollen war, und habe auch gesehen, dass der Waschlappen in Großmammas Hand voller Blut gewesen ist. Sofort kam mir ihr Schnaps in den Sinn und ich war froh, dass sie ihre braune Glasflasche nicht in der Hand gehalten hat. Nachdem ich also aufgewacht war, entschied man sich, den armen Mann, der mich umgefahren hatte und der mir immer noch ziemlich aufgeregt schien, ohne weitere Auflagen gehen zu lassen, damit er seine Reise fortsetzen konnte. Schließlich hatte er sich ja auf dem Weg zur Arbeit befunden und mich auch nicht absichtlich umgefahren. Zur Erinnerung an diesen kleinen Zwischenfall habe ich seit damals eine Narbe an meiner Unterlippe, die ich später noch lange und bei jeder sich bietenden Gelegenheit voller Stolz herzeigen konnte.

Schweinezucht und Rodeo

Eines Tages entschloss sich Tättì, es mit der Schweinemast zu versuchen. Da die Nachfrage nach Schweinefleisch im Steigen begriffen war, hat er den ganzen Wurf unseres Hausschweines behalten und noch ein Dutzend Ferkel zugekauft. Kurzerhand sperrte er alle miteinander zu den Hühnern in deren recht großes Freigehege, den Hühnergarten. Die Schweinchen fühlten sich sauwohl, das konnte man ihnen ansehen, wenn sie herumgerannt sind, und die Hühner ließen sich von ihnen auch nicht aus der Ruhe bringen. Das Zusammenleben dieser so ungleichen Zeitgenossen funktionierte wirklich sehr gut. Dem Gegacker nach zu schließen, schienen die Hühner sogar ihre Freude mit den neuen Mitbewohnern zu haben, da sie jedes Mal von deren Futter auch noch etwas abbekamen. Sie pickten auch gerne in den von den Schweinen gebuddelt Gräben herum.Für mich und meinen Bruder hatte diese Art der Schweinehaltung etwas Paradiesisches. Nach wenigen Wochen waren die kleinen Ferkel zu strammen Halbwüchsigen herangewachsen. Sie suhlten sich gerne und so oft sie konnten in ihren selbstgebauten Gräben, am liebsten nach einem ausgiebigen warmen Regen. Dann wälzten sie sich darin, bis sie voller Schlamm gewesen sind. Diese Chance nutzten wir gerne, um uns vorsichtig anzuschleichen und uns auf ein ins Schlammbad vertiefte Schwein zu werfen, noch bevor dieses die Suhle fluchtartig und vor Schreck quietschend verlassen konnte. Beim Wettkampf zwischen uns Brüdern ging es darum, sich mit Händen und Füßen auf dem ins Visier genommenen Schwein festzuklammern und so lange wie möglich zu versuchen, es zu reiten, ohne abgeworfen zu werden. Das gelang uns nie so richtig, weil die Schweine durch den Schlamm auf ihrer Haut sehr glitschig geworden waren und uns, so schnell sie konnten, abzuwerfen versucht haben. Wir unterschätzten immer wieder ihre unbändige Kraft, wenn sie voller Angst geflohen sind, und es gab oft ordentliche Blessuren. Einmal aufgesprungen, konnte man sich ja nur mit Händen und Füßen an Hals und Bauch des Schweins festzuklammern versuchen oder sich, so gut es ging, an seinen großen Ohren festhalten. Wer auch nur einmal die Gelegenheit gehabt hat, einen derartigen Versuch zu machen, wird bestätigen können, dass es nahezu unmöglich ist, sich unter solchen Bedingungen ohne Sattel länger als ein paar Sekunden auf einem aufgeregten Schwein zu halten, das meint, um sein Leben laufen zu müssen!

Cowboy und Indianer

Ich weiß natürlich, dass ich schon ein paarmal durchklingen lassen habe, dass ich ein Faible für Indianer hatte. Das kam natürlich daher, weil mich meine Mutter immer zum Lesen angehalten hat und ich mich als Kind am meisten für Abenteuergeschichten interessiert habe. Kaum in der Hauptschule angekommen, besorgte sie mir gleich eine Karte für die Bücherei und als ich „Winnetou I" von Karl May gelesen hatte, war es um mich geschehen.

Man kann sich leicht vorstellen, dass wir als Buben auf dem Bauernhof der Großeltern immer wieder mal versucht haben, ohne Sattel auf unserer Susi zu reiten. Susi kennen wir ja schon und wir wissen auch, dass sie eine Haflingerstute gewesen ist. Um auf den Rücken von Susi zu gelangen, musste man zuvor allerdings einige Hürden nehmen.Die erste Hürde bestand darin, dass Susi kein Reitpferd gewesen ist, nie in ihrem Leben einen Sattel getragen hat und nicht viel davon gehalten hat, Zweibeiner, auch wenn sie ihr nicht fremd gewesen sind, auf ihrem Rücken herumzutragen. Schon gar nicht, wenn sie ihren arbeitsfreien Tag gehabt hat, also nicht zu arbeiten brauchte und auf der Wiese hinterm Haus friedlich am Grasen gewesen ist.

Die zweite Hürde war ihr angeboren, auch wenn sie von Haus aus ein sehr gutmütiges Pferd gewesen ist. Wie die meisten Menschen wissen werden, sind Haflingerpferde zwar nicht allzu hoch, aber sie haben einen dicken Bauch und einen breiten Hintern. Für uns Buben mit noch recht kurzen Beinen war das immer eine große Herausforderung, sobald wir versucht haben, auf ihren Rücken zu klettern.

Was Susi auch noch angeboren war, ist eine gewisse Schlauheit, um nicht zu sagen: Intelligenz, gewesen. Sie schien ihre Augen und vor allem ihre Ohren überall zu haben und hat sofort bemerkt, wenn wir nur die Straße überquert haben. Das kam vielleicht auch daher, dass sie zwar schlau, aber auch neugierig gewesen ist. Natürlich war unser Ziel immer dasselbe. Wir wollten auf ihr reiten, nichts anderes! Auch mein Bruder und ich waren, wenn vielleicht auch nicht so intelligent wie Susi, so doch ebenso schlau, um nicht zu sagen: hinterlistig. Also haben wir uns, ausgerüstet mit ein, zwei Scheiben hartem Brot und einer Handvoll Würfelzucker, auf den Weg in unsere „Bündt" gemacht. Aufmerksame Leser wissen bereits, dass damit die Wiese hinterm Haus gemeint ist.

Susi hob nicht mal den Kopf, als wir uns am Holzzaun von Tante Lores Garten zu schaffen gemacht haben, um sie an unsere Anwesenheit zu gewöhnen. Sie rupfte weiter Gras. Jetzt war mein kleiner Bruder Rinaldo an der Reihe. Sein Job war es, mit einer Scheibe Brot und einem Stück Würfelzucker in der Hand langsam auf das grasende Pferd zuzugehen und ihm die beiden Leckerbissen anzubieten, nur anzubieten, nichts weiter. Unser Plan war es, die Aufmerksamkeit Susis zu bekommen und sie dazu zu bewegen, meinem Bruder bis zum Gartenzaun zu folgen und sich dann so nahe wie möglich neben mich hinzustellen. Ich war inzwischen auf den Zaun geklettert, damit ich auf Susi springen konnte, sobald sie nahe genug am Zaun gestanden ist.

Das funktionierte meistens ganz gut, aber ich musste, sobald ich auf ihrem breiten Rücken gesessen bin, mit beiden Händen sofort in ihr blondes, langes Mähnenhaar greifen, damit ich mich überhaupt festhalten konnte. Manchmal schien ihr das alles nichts auszumachen. Sie blieb mit mir auf dem Rücken stehen und verzehrte genüsslich die Leckerbissen meines Bruders. Sie konnte aber auch ganz anders reagieren!

Ich kann mich noch sehr gut daran erinnern, dass Susi einmal, sofort nachdem ich aufgesprungen war, aus dem Stand losgerannt ist und versucht hat, mich von den Ästen eines Apfelbaumes, die recht tief heruntergehangen sind, abstreifen zu lassen. Ich war gezwungen, mich wie ein Indianer so flach wie möglich auf ihren Hals zu legen, ihre Mähne mit aller Kraft zu halten und so lange oben zu bleiben, bis sie zum Stehen gekommen war. An diesem Tag hatte sie wahrscheinlich anderes im Sinn und wollte partout kein Indianerpony sein!

Der Kampf mit dem Schäferhund

Tättì machte ab und zu eine Fahrt nach Neuburg, „ìs Nüburg", nach Kommingen, „gì Kummìga" oder nach Koblach, „gì Kòbla". Manchmal ist er auch mit dem Pferdefuhrwerk nach Götzis gefahren – das kennen wir schon im Original als „Gätzìs". Für Fahrten dieser Art brauchte unser Pferd höchstens eine Stunde. Dann hatte er für den einen oder anderen Dorfbewohner Holz oder ein paar Säcke Kohle heranzuschaffen. Ich durfte wie immer auch dabei sein. Auf diese Weise konnte er ein paar Schillinge verdienen und der Empfänger der Ware war dankbar für die Hilfe. Nicht jeder hatte damals ein Pferd und Traktoren waren, wie schon gesagt, noch recht selten. Nur zwei oder drei Leute im Dorf hatten überhaupt ein Auto.

Bei einer dieser Fuhren führte unser Weg immer an einem Haus vorbei, in welchem ein sehr großer und aggressiver Schäferhund zuhause gewesen ist. Sobald der Hund bemerkt hatte, dass Tättì mit dem Pferdefuhrwerk vorbeifahren wollte, stürzte er aus dem Haus und rannte laut bellend und mit Schaum vorm Maul wie besessen hinter dem Maschendrahtzaun auf und ab. Tättì hatte immer alle Hände voll damit zu tun, unser Pferd, das natürlich sofort fluchtartig das Weite suchen wollte, im Zaum zu halten und zu beruhigen. Das gelang ihm meistens auch und wir konnten die Fahrt fortsetzen.Diesmal war aber alles anders. Der Hund war so aufgebracht, dass er, was er zuvor noch nie getan hatte, über den Zaun gesprungen ist und auf das Pferd losrannte. Als das Pferd ihn hinter sich bemerkt hatte, scheute es natürlich und warf sich sofort mit aller Kraft ins Geschirr. Tättì fluchte und befahl mir ziemlich laut, ich solle mich flach hinlegen. Er nahm das Zugseil zwischen die Zähne, schnappte sich mit seiner linken Hand die auf dem Wagen liegende Heugabel und warf sie, mit den Zinken voraus, auf den Schäferhund. Er traf ihn genau in dem Moment als der, schon ganz nah gekommen, auf das Pferd losgehen wollte.Tättì hatte in seinem linken Arm sehr viel Kraft, weil dieser ja von seinem Pendant auf der rechten Seite wenig unterstützt worden ist und alles alleine zu bewerkstelligen hatte. Die Gabel muss auf jeden Fall das Fell des Hundes durchdrungen haben und irgendwo zwischen seinen Rippen steckengeblieben sein, weil er sie, nachdem er getroffen worden war, noch zwei oder drei Meter mitgeschleift hat. Er heulte auf, jaulte vor Schmerz und raste, wie von der Tarantel gestochen, davon. Nachdem es Tättì gelungen war, das Pferd anzuhalten und zu beruhigen, gab er mir die Zügel in die Hand, sprang vom Wagen und lief zurück, um die Heugabel zu holen. Dann warf er sie auf den Wagen und wir konnten unsere Fahrt fortsetzen.

Der Hund hat sich nie mehr blicken lassen, wenn Tättì mit dem Pferdefuhrwerk an dieser Stelle vorbeigefahren ist. Ponso, unser treuer Begleiter, blieb während dieses aufregenden Vorfalls die ganze Zeit auf dem Wagen und behauptete, mindestens ebenso laut bellend wie sein aggressiver Artgenosse, seinen Platz. Er hat sich nicht von unserer Seite gerührt und uns auf diese Weise tapfer zu beschützen versucht. Daran kann man erkennen, dass auch ein Mischlingshund über eine gewisse Intelligenz verfügt und sich nicht unnötig in Gefahr begibt.

Tätti als Naturkundelehrer

Es versteht sich von selbst, dass das Leben auf einem Bauernhof viel mit praktischem Biologieunterricht zu tun hat. Immer wenn ein Schwein Junge zur Welt gebracht oder eine Kuh gekalbt hat, wenn ein Huhn seine Küken großgezogen hat oder die Katze uns ihre neugeborenen Kinder zeigte, waren das aufregende Erlebnisse und wenn alle Nachkommen gesund und munter das Licht der Welt erblickt hatten, waren wir natürlich glücklich und hatten unsere Freude daran. Tätti zeigte das auch und er hat uns an seiner Freude gerne teilhaben lassen. Ich habe ihn immer für einen sehr klugen Mann gehalten und er war stets mein Vorbild, mein Idol und mein Lehrer, der alles gewusst hat. Ich habe ihn vor allem wegen seines Humors, seiner direkten Art und seiner Einfachheit und Unkompliziertheit geliebt.

An einen dieser Spontanunterrichte in Biologie, in meiner Kindheit Naturkunde genannt und immer schon eines meiner Lieblingsfächer, erinnere ich mich natürlich immer noch sehr gerne. Es war an einem Sonntagvormittag und ich glaube, dass es kurz vor dem bevorstehenden Eintritt in die Grundschule gewesen ist. Tätti nahm mich mit zum nahe gelegenen Gasthaus Krone und ich bin neben ihm her gestapft. Ponso, unser Hund, rannte wie immer ein paar Meter voraus. Auf dem Weg ins Gasthaus sind wir dem Brühlgraben gefolgt, dem kleinen Bächlein hinterm Haus unseres Nachbarn vis-à-vis, wie wir bereits wissen, in dem wir als Kinder oft herumgewatet sind.Ein Entenpärchen, das vermutlich vom nicht weit entfernten Rhein eingeflogen war, hatte sich offensichtlich im Wasser des Bächleins breitgemacht und schnatterte aufgeregt, weil ihm Ponso zu nahe gekommen war. Nachdem es verschreckt aufge- flogen war, habe ich Tättì gefragt, weshalb unsere Hüh- ner, die manchmal auch außerhalb des Hühnergartens Futter gesucht haben, nie in den Bach gingen, um zu baden, ich hätte sie noch nie dabei beobachten können. Tättì sagte gar nichts und ging einfach weiter. Nachdem ich noch einmal nachgefragt hatte, meinte er nur, dass Hühner gar nicht schwimmen könnten. Auf meine Fra- ge, warum das so sei, sagte er, ohne eine Miene zu ver- ziehen: „Will eana bim Schwimma Wasser is Fùedla ihì rinnt und sì denn undrgònd!" Damit meinte er, unsere Hühner gingen deshalb nicht in den Brühlgraben, weil ihnen beim Schwimmen Wasser in ihre Kloake rinne und sie deshalb untergingen. Das leuchtete mir sofort ein und ich freute mich schon auf meine Limonade „ì dr „Kròna", bei der wir mittlerweile angekommen waren. So war Tättì: einfach in der Sprache, präzise beim Erklä- ren und verständlich in der Formulierung!

Der Hütebub

Sobald der Winter dem Frühling gewichen war und die Kühe wieder hinaus auf die Weide hinterm Stall durften, sind sie vor Freude ganz ausgelassen im Gras herumgesprungen. Es dauerte oft eine ganze Weile, bis sie sich wieder beruhigt hatten und zu grasen begannen. Zwei, drei Wochen später, nachdem die „Bündt" hinterm Haus abgegrast war, mussten die Kühe nach dem Melken in der Früh auf weiter entfernt gelegene Felder getrieben werden, wo sie bis zum Abend geblieben sind und ihr Futter gesucht haben. Diese Felder waren in der Regel nicht eingezäunt. Das war auch der Grund, weshalb die Kühe beaufsichtigt werden mussten. Es bestand immer die Gefahr, dass sie in das Feld eines Nachbarn geraten sind, der gerade jungen Mais angebaut hatte, von dem sie nie genug bekommen konnten. Um das zu verhindern, schickte mich Tättì mit den Kühen hinaus auf die neue Weide. Wann immer es so weit gewesen ist, war ich ganz allein für sie verantwortlich. Ich hatte sie zu hüten und gut auf sie aufzupassen.Nun gab es beim Kühehüten gerade an sonnigen Tagen nichts Schöneres für mich, als kleine Weidenflöten zu schnitzen oder Raupen zu suchen und seltene Käfer und Schmetterlinge zu jagen. Ich genoss es auch, nur auf dem Rücken im Gras zu liegen und den hoch am Himmel segelnden Schwalben nachzuschauen, die unermüdlich ihre atemberaubenden Flugkünste zeigten. Da kam es dann schon mal vor, dass mir der Schreck so richtig in die Glieder gefahren ist, wenn ich in nächster Nähe das typische Geräusch vernommen habe, wenn es einer Kuh gelungen war, sich Zutritt zu einem Maisfeld zu verschaffen, um sich an den jungen, süßen Kolben gütlich zu tun. Umso schlimmer war es dann, wenn ich zur Schadensbegrenzung versucht habe, die Kuh wieder aus dem fremden Feld zu treiben, und diese dabei immer weiter zwischen die Maisstauden geflohen ist. Ich erinnere mich noch heute mit Schaudern daran, wenn ich an die, im wahrsten Sinn des Wortes einschneidenden Spuren solcher Fluchten denke und an das im Anschluss daran folgende unangenehme Gespräch mit Tätti. Noch deutlicher aber erinnere ich mich daran, dass Tätti nie mit mir geschimpft hat, geschweige denn mich gar gezüchtigt hätte. Tätti war zu meinem Glück nicht so bibelfest wie mein Vater und hielt deshalb nichts vom Züchtigen.

Schlusswort

Auch wenn er es ganz anders sehen mag, schulde ich meinem Schulfreund Gerhard großen Dank. Gerhard schreibt Bücher und meinte einmal, ich sollte mich doch auch damit versuchen. Er sagte noch, wenn ich die mir angeborene Faulheit überwände, könnte das auch mir gelingen. Geschichtensammlungen sind es schließlich geworden und für diesen „Schubser" bin ich ihm heute dankbar.Danken möchte ich auch meiner Frau Tina, unserer Freundin Sigrid und meinem Sohn Jérôme. Tina und Sigrid haben sich ans Korrekturlesen gewagt und Jérôme als Spezialist für alles Digitale hat mich immer und ohne Murren in allen technischen Belangen unterstützt.

Mein Dank gilt auch Helmut, mit dem ich, so wie mit Gerhard, vor Urzeiten die Schulbank gedrückt habe. Helmut hat meine beiden Manuskripte redigiert und mit seiner Meinung nicht hinterm Berg gehalten.

Vor allem möchte ich mich aber bei meinem Lieblingsonkel Arnold bedanken. Er hat sein neunzigstes Lebensjahr bereits hinter sich gelassen und sich ebenfalls der Mühe unterzogen, meine Manuskripte zu lesen. Für ihn war es vielleicht ein bisschen unterhaltsamer, weil er in einem der beiden Büchlein neben meinem Großvater eine Hauptrolle spielt.

Anhang

Tante Lores Käsfladenrezept

Leichtsinnigerweise habe ich ja an irgendeiner Stelle im Büchlein versprochen, Tante Lores Käsfladenrezept zu verraten. Hier ist es:

Käsfladen für 6 Personen
Zuerst einen Brotteig machen (oder fertigen Pizzateig kaufen) und auf dem Backblech ausrollen (für die Fülle vorbereiten).

Was man für die Fülle braucht:
600 bis 650 Gramm Bergkäse (am besten gleich eine fertige würzige Spätzlekäs-Mischung)
2 Eier
5 mittelgroße Zwiebeln
Rahm
Pfeffer, Salz

Wie man die Fülle macht:
Bergkäse hobeln (erspart man sich, wenn man eine fertige Mischung nimmt).
Zwiebeln schälen und hacken (nicht allzu fein).
Die beiden Eier dazugeben (wenn möglich ohne Schale); mit Bergkäse und Zwiebeln mischen.

Nun so viel Rahm zugeben, dass die Masse feucht und streichfähig, aber nicht allzu matschig wird, und mit Pfeffer und Salz abschmecken.

Jetzt die Masse auf den vorbereiteten Brot- oder Pizzateig auf dem Backblech streichen und bei 180 Grad ca. 45 Minuten auf unterster Schiene goldbraun backen.

Dazu passt am besten frisch gepresster „Süß-moscht".

Über den Autor

Dieter Gruber wurde im Dezember 1947 in Hard am Bodensee geboren. Nach dem Besuch der Handelsakademie in Bregenz war er einige Jahre in leitender Funktion in der Bauwirtschaft tätig. Im Anschluss daran machte er sich als Unternehmensberater selbständig und fokussierte sich mit seiner Erfahrung auf die Rettung in Not geratener Kleinbetriebe.

Zu seinen Lieblingsbeschäftigungen zählen die Pflege guter Beziehungen und das Bekochen und Bewirten von Familie und Freunden, Lesen, Musizieren und das Angeln in Küstengewässern.

Heute lebt Gruber mit seiner Frau Tina in Bregenz, „nahe genug am Wasser und weit genug weg vom Trubel der Stadt", wie er sagt. Das Wohlergehen der Familie - Gruber hat zwei erwachsene Söhne und zwei Enkel - steht über allem.

Als Gesprächspartner ist er zugewandt, offen und interessiert; als begeisterter Hobbymusiker ist er ein willkommener Gast bei unterschiedlichen Anlässen.